# EMPRENDER Y CRECER

CON PRINCIPIOS GERENCIALES

DRA. JUDITH CANELÓN

Reservados todos los derechos. No se permite la reproducción total o parcial de esta obra, ni su incorporación a un sistema informático, ni su transmisión en cualquier forma o por cualquier medio (electrónico, mecánico, fotocopia, grabación u otros) sin autorización previa y por escrito de los titulares del copyright. La infracción de dichos derechos puede constituir un delito contra la propiedad intelectual.

Ibukku es una editorial de autopublicación. El contenido de esta obra es responsabilidad del autor y no refleja necesariamente las opiniones de la casa editora.

Publicado por Ibukku
**www.ibukku.com**
Diseño y maquetación: Índigo Estudio Gráfico

Copyright © 2017 JUDITH CANELÓN
Editado en Venezuela bajo la revisión de: Carmen Verde Arocha, Rafael González y Jennifer Hernández
ISBN Paperback: 978-1-64086-028-5
ISBN eBook: 978-1-64086-029-2
Library of Congress Control Number 2017948025

# ÍNDICE

| | |
|---|---|
| DE LA GENERACIÓN DE EMPLEADOS A LA GENERACIÓN DE EMPRENDEDORES | 6 |
| Primer capítulo | |
| Águilas dispuestas a volar | 10 |
|   EMPRENDEDORES | 13 |
|   Espíritu emprendedor | 17 |
|   El talento | 18 |
|   El talento y los estudios | 23 |
|   EMPRESARIOS | 26 |
| Segundo capítulo | |
| El arte del negocio | 42 |
|   DIRIGIR UNA EMPRESA ES UN ARTE | 42 |
|   PRIMER PRINCIPIO: VISIÓN | 47 |
|   SEGUNDO PRINCIPIO: DEFINIR UN PLAN | 47 |
|   TERCER PRINCIPIO: TRABAJO EN EQUIPO | 49 |
|   CUARTO PRINCIPIO: GESTIÓN DE PERSONAS | 49 |
|   QUINTO PRINCIPIO: AUTORIDAD | 50 |
|   SEXTO PRINCIPIO: FAMILIA Y TRABAJO | 51 |
|   SÉPTIMO PRINCIPIO: RECORRER EL TERRITORIO | 51 |
| Tercer capítulo | |
| Siete principios para emprender y crecer | 54 |
|   SIN LÍMITES PARA CRECER | 54 |
|   EMPRENDEDOR Y ACTOR | 55 |
|   Principio N° 1: VISIÓN | 61 |
|   Principio N° 2: DEFINIR UN PLAN | 64 |
|   Principio N° 3: TRABAJAR EN EQUIPO | 69 |
|   Principio N° 4: GESTIÓN DE PERSONAS | 71 |
|   Principio N° 5: AUTORIDAD | 78 |

Principio N° 6:
FAMILIA Y TRABAJO — 80
Principio N° 7:
RECORRER EL TERRITORIO — 86
Cuarto capítulo
De la investigación y la enseñanza a la práctica — 89
    El proceso de creación de este libro — 89
REFERENCIAS BIBLIOGRÁFICAS — 103
AGRADECIMIENTO — 104

*A mis hijos: Ricardo y Yunimar,
mi principal motivación emprendedora.*

## *DE LA GENERACIÓN DE EMPLEADOS A LA GENERACIÓN DE EMPRENDEDORES*

Cuando estudiaba administración en la universidad, no era común escuchar a los compañeros de clase decir, que tenían que formarse para iniciar su propio negocio. Eso estaba reservado para personas de muchos recursos económicos, o bien, para personas con dotes muy especiales para ser empresarios.

Lo más común que se escuchaba era: en cuál empresa les gustaría trabajar, y estar pendientes de la empresa con mejor oferta para hacer carrera gerencial y con el mejor paquete de beneficios económicos. Era la generación de empleados. Me formé para eso, para ser empleado y reportar al Gerente o dueño de la empresa. Así lo veíamos en clase, con las estructuras organizacionales donde se ubica el cargo de administrador. Pero los tiempos han cambiado a una gran velocidad, y en eso ha influido mucho la tecnología, cuyos aportes considerables se le deben a dos emprendedores que luego se convirtieron en grandes empresarios: Steve Jobs y Bill Gates. Estadounidenses, uno creador de Hardware y otro de Software, quienes con sus ideas revolucionaron el mundo, y no solo en lo tecnológico, sino en la forma como lograron hacerlo. Los dos se convirtieron en ejemplos de emprendimiento y de cómo transformar ideas en negocios rentables.

En estos tiempos es muy común ver el tema de emprendimiento en las redes sociales, en artículos de prensa, en talleres o cursos. Está presente en temas de investigación de instituciones como el Banco de Desarrollo de América Latina (CAF), el Banco Mundial, o como el Monitor Global de Emprendimiento (GEM). Lo cierto es que el emprendimiento ha despertado el interés mundial, y considero que no solo lo ha hecho por el tema económico que representa, sino porque con este se pueden lograr cambios importantes en el mundo. ¿Acaso no lo hicieron Bill Gates y Steve Jobs?

Estos cambios nos han llevado de una generación de empleados a una generación de emprendedores. Cada vez hay más gente iniciando actividades para emprender un negocio, desarrollar ideas, sueños o proyectos, asumiendo riesgos, ya sea porque lo considera el momento oportuno, o porque la necesidad los obliga; lo cierto es que la acción de emprender se está produciendo de forma muy común sin importar formación académica, edad, sexo, condición social, ubicación geográfica, entre muchas otras variables.

Recuerdo un día cuando regresé de mi trabajo, y mi hijo quien tenía 10 años para ese momento, me dijo: "mamá, ya sé el negocio que voy a montar, una empresa de transporte y traslado de persona. Vamos a empezar con cinco carros, y después compramos otros. Voy a tener cinco socios, cada uno va aportar el dinero para comprar un carro. Yo me encargo de administrarlo y dar las ganancias". Para mi sorpresa, ya había recortado de los avisos clasificados de la prensa varios recortes de venta de carro en una hoja y había llamado para negociarlos. Siempre me estuvo hablando de negocios que quería montar. Estudio Comercio Exterior, y durante sus pasantías me dijo: "no quiero ser empleado, quiero trabajar para mí". Esto es algo que lleva aprendizaje, paciencia y perseverancia. Se graduó en el 2013. Y en mayo del 2014, a los 21 años, va por su segundo intento de negocio. A los 18 ya había hecho el primer intento. Aún está en proceso de aprender a emprender porque no es suficiente tener el deseo de hacer negocios. Hay que aprender a emprender.

En el mes de mayo de 2014 escuché a un niño de 7 años que se estaba comiendo una hamburguesa, le dijo a su papá: "ya sé el negocio que voy a montar, una venta de cotufas aquí al lado de este tráiler de hamburguesas, y ya sé cómo se va a llamar, y se las voy a vender a todo el que venga a comer aquí". ¿Cuándo en mis tiempos se veía esto? Ya desde muy niños hablan de ideas de emprendimiento. Esta generación de emprendedores debe conocer todo lo que esto implica. Emprender va mucho más allá de tener la idea y las ganas, se requieren ciertos conocimientos y habilidades para sobrevivir en el intento. Y esto puede aprenderse de quienes lo han logrado.

Hay muchos emprendedores que lograron tener éxito. Estos tienen lecciones que ofrecer. Llevaron sus iniciativas de negocio a ideas rentables. Lograron crecer. De esos emprendedores que se convirtieron en grandes empresarios se recogen lecciones en este libro que pueden permitirte emprender y crecer.

## Primer capítulo
## Águilas dispuestas a volar

> "...levantarán alas como las águilas..."
> **Isaías 40:31**

**Historia de un águila en un gallinero**

A lo largo de este capítulo se presentan las características de emprendedores y empresarios, con ejemplos, que permiten mostrar la diferencia entre ambos. Comenzaré con la historia a continuación:

"Un campesino fue al bosque con el objeto de atrapar un pájaro para tenerlo cautivo en su casa. Consiguió cazar un pichón de águila y lo puso en el gallinero, junto con las gallinas, donde recibía el mismo tratamiento que estas. Después de cinco años, el campesino recibió la visita de un naturalista. Mientras paseaba por el jardín, este dijo:

- Ese pájaro no es una gallina, es un águila.

- Así es, contestó el campesino. Pero yo lo crié como gallina, y ya no es un águila. Se transformó en una gallina como las otras, a pesar de tener alas de casi tres metros.

- Se equivoca, replicó el naturalista. Ella es y será siempre un águila, pues tiene corazón de águila. Ese corazón la hará volar a las alturas algún día.

- No, no, insistió el campesino. Se convirtió en gallina y jamás volará como águila.

Entonces decidieron hacer una prueba. El naturalista levantó el águila y la desafió:

- Ya que eres un águila, ya que perteneces al cielo y no a la tierra, ¡abre tus alas y vuela...!

El águila se posó en el brazo extendido del naturalista. Miró distraídamente alrededor y, al ver las gallinas allá abajo, picoteando granos, saltó junto a ellas. El campesino comentó:

- Le dije que se convirtió en gallina.

- No, insistió el naturalista, es un águila. Y un águila será siempre un águila. Haremos mañana un nuevo experimento.

Al siguiente día, volvió a intentar el naturalista y el águila tampoco voló.

El campesino sonrió y volvió a la carga:

- Se lo dije, se convirtió en gallina

- No, respondió firmemente el naturalista. Es un águila y siempre tendrá corazón de águila. Vamos a experimentar por última vez. Mañana la haré volar.

Al día siguiente, el campesino y el naturalista se levantaron bien temprano. Llevaron al águila a las afueras de la ciudad, lejos de las casas de los hombres, en lo alto de una montaña. El sol naciente doraba los picos de la cordillera. El naturalista levantó el animal y le ordenó:

- Ya que eres un águila, ya que perteneces al cielo y no a la tierra, ¡abre tus alas y vuela!

El ave miró alrededor. Temblaba, como si se enfrentara a una nueva vida. Pero no voló. Entonces, el naturalista la tomó firmemente, la puso en dirección al sol, para que sus ojos pudiesen llenarse de la vastedad del horizonte, y la arrojó al vacío. En ese momento el águila abrió sus potentes alas, graznó el típico *kaukau* de estas aves y se levantó, soberana, sobre sí misma. Se alejó volando, cada vez más alto, hasta confundirse con el azul del firmamento."[1]

En esta historia el águila representa a los emprendedores que se disponen a levantar su vuelo. Crecer. Distinguirse. Los emprendedores, son personas valientes que se arriesgan.

---

1  Historia tomada de "La culpa es de la vaca" de los compiladores Jaime Lopero Gutiérrez y María Inés Bernal Trujillo.

Todos llevan un corazón de águila, lo que sucede es que muy pocos lo creen. Se quedan sin levantar el vuelo para el cual tomaron la decisión de arriesgarse. Aquí se analizan los distintos casos para aprender las diferencias, y decidir abrir las alas y volar.

## EMPRENDEDORES

### Definiendo un emprendedor

Un emprendedor es una persona con un talento especial, que se inicia en una actividad por la cual siente pasión, de tal manera que puede obtener ingresos que le permitan vivir de eso. Esa actividad la conoce muy bien, le gusta y la disfruta. Además tiene un espíritu que lo motiva a perseguir su sueño, proyecto o idea.

Esta definición da origen a dos formas de emprender:

1. **Emprender para ser autoempleado:** Cuando dominas una actividad, como coser, cocinar, peluquería, organizar fiestas, entre otras, puedes emprender las acciones para desempeñar ese oficio y obtener el dinero para cubrir los gastos. Eso es estar autoempleado: una persona que se proporciona su propio empleo desempeñando una actividad con la cual genera ingresos que le

permiten satisfacer sus necesidades básicas. Por ejemplo, una gran amiga mía que se había preparado en el oficio de peluquería y trabajaba en una oficina, en su tiempo libre se dedicaba a hacer clientes, ofreciendo sus servicios a distintas amigas a domicilio. Esta actividad fue creciendo y le generaba más ingresos que su trabajo en la oficina. Un día decidió retirarse de su empleo y alquilar un local en el cual pudiera atender su distinguida clientela, que con el tiempo había ganado. Abría su local de lunes a sábado. Trabajaba bastante. Hacía un buen trabajo. Así estuvo muchos años. No contrataba a nadie para que la ayudara. Todo lo hacía ella, y así le quedaba más dinero. No creó otros empleos como ayudantes, barberos u otras peluqueras, que pudieran hacer crecer el negocio y a la vez proporcionarle ingresos. Lo que hizo fue generarse su propio empleo. Estaba autoempleada, y esto es un gran riesgo.

2. **Emprender para crear una empresa:** Es cuando inicias las acciones para llevar una idea o un proyecto a un mayor nivel, implicando otros recursos. Ejemplo: Larry, un estudiante que conocí en el postgrado de Gerencia, es contador público, quiso independizarse

trabajando con lo que sabía hacer y, además, convertirse en un conferencista motivacional. Así alquiló una oficina en un centro comercial, contrató personal especializado en contabilidad, impuesto y administración. Comenzó su publicidad y atrajo muchos clientes. Ya después de cuatro años tiene dos oficinas en el centro comercial donde empezó, tiene ocho personas que trabajan en distintas áreas de la empresa, ofrece también servicios de adiestramiento que consisten en distintas formaciones del área administrativa, contable y tributaria. También tiene una parte de producción de eventos que maneja él directamente, en la cual ha contratado importantes artistas y conferencistas para llevar a la región en la cual trabaja y dicta sus conferencias motivacionales que han sido todo un éxito.

**Emprender con tu pasión**

La pasión es determinante al momento de emprender. Cuando haces una actividad por la cual sientes pasión, estás dispuesto a superar las dificultades del camino sin importar el dinero que estés ganando en ese momento, estarás emprendiendo para alcanzar grandes logros, como tener tu propia empresa.

Conocí a Karlina mientras me desempeñaba como Directora en la universidad. Ella era una estudiante de 20 años, que cursaba administración de recursos humanos. Tenía un talento impresionante como bailarina. Destacaba en salsa casino. Verla bailar era contemplar su transformación, la expresión de su cara, su rostro era otro, su sonrisa expresaba felicidad. En una oportunidad, le pregunté por qué estudiaba administración, me respondió: "para tener un título y graduarme en la universidad". Mientras estudiaba seguía practicando y participando en distintas presentaciones nacionales y hasta internacionales. Se graduó como Licenciada en Administración de Recursos Humanos. Comenzó luego a trabajar como maestra, necesitaba trabajar, y eso fue lo que consiguió. Allí preparaba actos musicales con los niños. Esto lo disfrutaba mucho. Después se inscribió en un postgrado de gerencia cultural, al cual no tenía tiempo para asistir. Continuaba en su escuela de baile y sus presentaciones musicales ya eran internacionales. Logró ganar premios en reñidas competencias. Sin duda, su talento era el baile. Karlina tiene 26 años, se ha presentado como bailarina de importantes artistas internacionales, se continúa preparando en otros países, se presenta en competencias y comenzó a ganar dinero dando clases de baile. Ese dinero le permite mantenerse y seguir adelante con su sueño. Afortunadamente para ella, tomó temprano la decisión de seguir dedicada a lo que le gusta. No me imagino lo que sería de ella sentada en un escritorio como jefe de recursos humanos con ese talento reprimido. Karlina es una emprendedora. Inició las acciones para alcanzar su sueño, manifestar su talento y vivir de ello, realizando "un trabajo" que es su pasión: Bailar.

Ella, tiene las herramientas para hacer un gran negocio. Tiene el talento, ya ha ganado dinero en forma particular con esa actividad. Además posee un espíritu emprendedor que la hace estar insatisfecha con su situación actual y moverse a trabajar por su pasión para vivir de eso. Si ella logra tener la visión más allá de su situación actual, como tener una escuela de baile, entrenar o contratar a otros para ser instructores, ir a distintas ciudades, dictar clases de baile, innovar nuevas técnicas, alquilar o adquirir un local, logrará grandes cosas.

### Espíritu emprendedor

El espíritu emprendedor es el motor de motivación que te pone en acción. Es lo que te hace buscar más allá de tu situación actual. Hay quienes tienen el talento pero no el espíritu, la fuerza, las ganas de emprender. Una persona con un espíritu emprendedor tiene la voluntad para ir más allá de las circunstancias y el entorno negativo o amenazante, encontrando oportunidades en cualquier lugar. Ejemplo de esto es la historia de una fábrica de zapatos que vio una gran oportunidad para sus ventas en un país lejano. Escoge dos de sus mejores vendedores y los envía. Al llegar, uno de ellos se dio cuenta que en ese país nadie usaba zapatos. Todas las personas andaban descalzas, por lo que tomó la decisión de regresar. Y cuando se presentó en la compañía, se reunió con el gerente y le dijo: "Señor, yo tomé la decisión de regresarme. En ese país nadie usa zapatos. Esto ha sido así siempre, no hay forma de cambiarles sus costumbres". El gerente le preguntó por su compañero, y éste le contestó que se había quedado. Por lo que el gerente decidió llamarlo en su presencia. Luego de saludarlo cordialmente le preguntó: ¿Cómo te está yendo por allá? A lo que el vendedor contestó: "Muy bien, señor, excelente. Gracias por enviarme aquí. He logrado vender mucho. Imagínese usted, aquí nadie usa zapatos. Voy hacer las mejores ventas". Esta diferencia la marca el espíritu emprendedor.

## El talento

El talento es la habilidad especial de una persona. Es una tarea o actividad que sabes realizar de forma única y especial. El talento es donde todo comienza al momento de emprender. Según el Diccionario de la Real Academia Española, el talento puede definirse como: "moneda imaginaria de los griegos y de los romanos. Inteligencia, capacidad intelectual, aptitud, capacidad para el desempeño o ejercicio de una ocupación" (pág. 1372). Ciertamente, el talento es dinero. Con tu talento ganas dinero. Porque te distingue de otros y puedes hacer con él tu mejor trabajo. En la Biblia aparece una parábola de los talentos, que se refiere a un hombre que se va lejos y les entrega a sus siervos sus bienes. "A uno dio cinco talentos, y a otros dos, y a otro uno, a cada uno conforme a su capacidad; y luego se fue lejos"[2]. El que recibió cinco talentos los negoció y ganó cinco más, el que recibió dos, hizo lo mismo y ganó dos más. Pero el que recibió un solo talento tuvo miedo, fue y lo escondió. No hizo nada con él. Luego cuando regresó el Señor de esos siervos a arreglar cuentas con ellos, este se entera que los dos primeros multiplicaron los talentos recibidos y al que no hizo nada por miedo, le dijo: "debías haber dado mi dinero a los banqueros, y al venir yo, hubiera recibido lo que es mío con los intereses."[3]

El talento por sí solo no solo es suficiente. El talento es un diamante en bruto, necesita pulirse. Como hicieron Paul Potts y ambos participantes de un concurso británico para la búsqueda de talentos: en el año 2007 y 2009 respectivamente. Ambos lograron impactar al jurado, al público y a los televidentes con sus magistrales interpretaciones. Hicieron histo-

---
[2] Mateo 25:15
[3] Mateo 25:27

ria en el concurso. Paul Potts, era un vendedor de celulares con una gran voz. Participó en el concurso como tenor, luego llegó a vender más de tres millones de copias. Obtuvo un premio en Alemania como mejor artista masculino internacional. Su primer álbum se tituló One Chance (una oportunidad). Mientras que Susan Boyle, al momento de aparecer en el escenario, fue objeto de burlas y chistes por su apariencia. Luego de su interpretación fue aplaudida y ovacionada por el público y el jurado. Nadie imaginaba que detrás de esa apariencia humilde y sencilla, había una gran voz. Su canción se llamó Soñé un sueño. Le vino como anillo al dedo. Pasó de ser una corista de iglesia y de eventos escolares a vender diez millones de copias en su primer álbum. Logró cantar en la Casa Blanca de los Estados Unidos y al Papa Benedicto XVI cuando este visitó Escocia. Tenían sus talentos ocultos detrás de sus actividades como vendedor de celulares y corista de iglesia. Sin embargo es una decisión de vida. No es fácil, tomar ese tipo de decisiones, el miedo invade, y puede resultar una locura querer intentarlo.

Todos tenemos un talento o un don especial en esta vida. Visto de esta manera suena como algo muy profundo y hasta sobrenatural, o "surrealista" como bien lo expresó el coach de Miguel Cabrera, ganador de la Triple corona en el año 2012. Lloyd McClendon comenta respecto a Cabrera: "Yo le digo a la gente que Miguel ve el juego en alta definición, mientras el resto lo vemos en blanco y negro"[4], en una oportunidad le dijo saber cuál pitcheo le venía.

El coach expresó: "**¿A qué te refieres con que lo viste? ¿Estabas buscándolo?**"

Miguel Cabrera: "**No, lo vi**".

Cabrera le intentaba explicar a McClendon haber detectado el pitcheo cuando el serpentinero apuntaba su mirada a la mascota en la cima de la lomita. Eso era prácticamente imposible, por lo que el veterano coach le preguntó lo que quería decir, y dijo:

Miguel Cabrera: "**todo se puso lento**".

Enseguida le preguntó a su coach: **¿Es un don?**

"**Sí, Miguel, eso es un don. Fue asombroso, muy surrealista**", contestó el coach.

Expresado de otra manera, "cada uno tiene su propio don de Dios, uno a la verdad de un

---

4 Lloyd McClendon, coach del grande liga venezolano Miguel Cabrera en un artículo de prensa de Amador Montes Bolet, publicada en un diario de circulación nacional el día 23 de junio de 2013, en el cual hace un análisis del estilo de juego del lanzador, destacando una situación que se presentó en un juego después de Cabrera haber recorrido todas las bases, al llegar y sentarse junto a su coach.

modo y otros de otro"[5], todos tenemos nuestro don o talento para hacer una contribución al mundo.

El don es algo superior, es definido como una gracia divina, es algo que te hace excepcional con tu talento. Por ejemplo, Miguel Cabrera, al igual que muchos destacados peloteros en las grandes ligas, contribuye con su talento en el equipo que juega a lograr buenos resultados. Pero Cabrera tiene un don, como él mismo lo ha reconocido, que lo ha llevado a destacarse en ese juego. Ese don lo lleva a ver el juego en "alta definición", como dice su coach. Y eso lo ha hecho merecedor de premios y contratos que destacan por encima de sus compañeros de equipo.

Otra muestra de esto es el exjugador de baloncesto Michael Jordan, considerado el mejor de este deporte. Y para confirmar por qué, basta con revisar todos los premios y reconocimientos obtenidos en su trayectoria para saber que no solo tenía un talento especial para jugar basket sino que había algo excepcional en él. Con casi dos metros de estatura y practicando este deporte desde niño, tenía un don especial. En las fotos y videos de sus juegos puede observarse como a diferencia del resto, lograba suspenderse en el aire por unos instantes como si pudiera volar. Era llamado

---
[5] 1 Corintios 7:7

por sus compañeros "Air Jordan". Aparte de su talento, tenía un don especial con el cual destacaba y logró hacer una carrera brillante. Su carrera estuvo marcada por el éxito gracias a sus dotes excepcionales que lo llevaron incluso a participar en una película. Y junto con la empresa Nike creó la marca Air Jordan para zapatos deportivos que se convirtieron en toda una referencia para este deporte.

## El talento y los estudios

El talento no necesariamente se relaciona con los estudios universitarios. El talento no se obtiene con los estudios, aunque estos sí contribuyen a mejorar o perfeccionar el talento, por ejemplo:

1. Hay quienes estudian una carrera universitaria para luego terminar destacando en otra actividad, siendo exitosos en algo que no tiene nada que ver con los estudios formales realizados. Ejemplo de ello Don Armando Scannone, ingeniero de profesión, dedicado a la gastronomía; Milka Duno, Ingeniero naval con un master en Desarrollo Humano y se desempeña como piloto de carreras donde logró participar en la serie *IndyCar*. El caso del maestro José Antonio Abreu[6] graduado como

---

[6] Al maestro José Antonio Abreu a sus 73 años le fue otorgado un Doctorado Honoris Causa por el Instituto de Educación Superior

Economista, ha sido destacado como fundador de la Orquesta Sinfónica Simón Bolívar y del Sistema Nacional de Orquestas Infantiles y Juveniles. Es en ese campo donde ha hecho su mayor contribución. Antonio Díaz, campeón mundial 2010 y 2012 en la modalidad de Kata, es Licenciado en Comunicación Social. Richard Páez, médico traumatólogo conocido como Director Técnico de Fútbol. Mayela Camacho, de economista a Diseñadora de Modas. María Teresa Chacín, de psicóloga a cantante de música venezolana. Y así muchos otros casos.

2. Hay quienes desde temprana edad saben cuál es su talento, y sus estudios van en esa dirección. Se forman en esa área logrando destacar y hacer valiosas contribuciones en sus campos. Jacinto Convit, destacado médico y científico venezolano, creador del Instituto de Biomedicina y postulado en 1988 para el premio Nobel de medicina. Otro médico científico venezolano, Humberto Fernández Morán Villalobos, inventó el bisturí de diamante[7] en 1955 y contribuyó

---

de Londres por su destacada labor en el campo musical y de la educación.

7 El bisturí de diamante es un instrumento utilizado para las cirugías, también recibe el nombre de escalpelo. El creado por el Dr. Humberto Morán, posee una hoja fabricada con diamante y se utiliza para cortes ultrafinos.

al desarrollo del microscopio electrónico. En su vida tuvo condecoraciones y reconocimientos, entre ellos destaca uno entregado por la NASA. Más recientemente destaca el cirujano fetal Rubén Quintero, venezolano, quien conjuntamente con una doctora norteamericana, realizó la primera operación en el mundo de extirpación de un tumor en la boca de una bebé cuando estaba aún en el útero de su madre; primera operación de este tipo en el mundo. Y así, muchos han hecho grandes aportes a la humanidad desde su profesión.

3. Hay quienes no necesitaron ir a la universidad y lograron desarrollar su talento con mucho entrenamiento, siendo exitosos con este, como por ejemplo, Omar Vizquel, jugador venezolano en las grandes ligas, ganador de 11 guantes de oro, considerado el mejor campocorto de la historia del béisbol. Comenzó a jugar a la edad de 22 años. Se retiró en el año 2012, después de una fructífera carrera, donde pudo hacer gala de su talento de atrapar la bola, lanzarla con rapidez y moverse muy rápido en el campo.

## EMPRESARIOS

**Definiendo a un empresario**

Un empresario es una persona dueña de una unidad comercial, con estructura, personal y con una clara división del trabajo. Además cuenta con el capital y recursos como máquinas, tecnología o equipos que le permitan producir o prestar un servicio a la sociedad. Un empresario es alguien con visión, con habilidad para ver las oportunidades de negocio y para hacer negocios, convencen a otros de sus ideas o proyectos.

Una analogía de la definición de empresario es un águila. Es un ave grande con las siguientes características: es rapaz (logran su cometido), fuerte (no son para nada débiles, no se amilanan con nada), veloz (no pierden tiempo) y con una gran visión (saben detectar sus presas, incluso saben cuándo se acerca una tormenta). Caza presas para alimentarse (busca oportunidades de negocio rentable), utiliza su pico y sus garras (hace uso de todos sus recursos y habilidades para conseguir lo que se proponen).

## Emprendedores que lograron convertirse en grandes empresarios

Los grandes empresarios, en algún momento, fueron emprendedores, hombres con una idea o un proyecto, en el cual pusieron todo su empeño para hacer de éste una gran empresa. Voy a hacer referencia a dos casos muy emblemáticos para ilustrar esta situación. Y es la historia de Steve Jobs y Bill Gates, por la capacidad que tuvieron para emprender y levantar grandes empresas que cambiaron el mundo, que aun cuando sus historias han sido contadas muchas veces desde distintos ángulos, ofrece lecciones importantes como emprendedores que lograron convertirse en grandes empresarios, y que bien vale la pena revisar para aprender de ellas.

Steve Jobs, fue elegido por la revista Fortune en el 2009 como Emprendedor de la década y en el 2012 como "el mejor emprendedor de la historia moderna". Desde muy temprana edad mostró interés por la tecnología. Visitaba la empresa Hewlett Packard y trabajó en Atari. Su amigo Steve Wozniak, quién era también un hombre creativo e innovador, a los once años ya había creado su primera estación de radio y a los trece años era el presidente del club de electrónica de su instituto. Wozniak le comentó a Steve Jobs que quería construir un computador. Jobs, hábil para reconocer las oportunidades, se interesó y comenzaron a trabajar en el garage de su casa. Surge así el primer modelo de la Apple Computer. Una vez construido el primer computador, Jobs se dedicó a la promoción y venta, logrando colocar inicialmente 200 unidades, y a los cuatro años ya estaban cotizando en la bolsa. Se convirtió en un hombre rico en tan solo cuatro años. Esta empresa comenzó cuando se unieron los talentos de Steve Jobs y Steven Wozniak. Steve Jobs, fue un hombre con una gran habilidad para transformar una idea en un negocio rentable. Su habilidad no solo era crear, también mostró gran habilidad para comercializar y negociar.

Bill Gates, junto con Paul Allen unieron sus talentos para crear la empresa Microsoft. Gates, desde temprana edad mostró destreza para las matemáticas y las ciencias, y con su amigo crearon códigos de programación. Cuando Bill tenía tan solo 15 años ya se había asociado para un negocio que le generó una ganancia de 20.000 dólares, creando un programa computarizado para medir el tráfico automovilístico. Luego, con la llegada del primer equipo de computadoras, la Altair 8800 en el mundo, que vio Paul Allen en la revista Popular Electronics de diciembre de 1974, supieron que había llegado el momento para ellos. Se trasladaron hasta la empresa MITS ubicada en Nuevo México, y los convencieron de desarrollar el programa que necesitaban las computadoras. En dos meses lo crearon. En 1975, cuando Gates tenía 19 años y Allen 21 ya estaban fundando Microsoft, empresa dedicada al desarrollo de software y sistemas operativos. Bill Gates era considerado "el genio de mercadeo detrás de Microsoft".

## "Tener un negocio" o "tener una empresa"

Muchas personas expresan: "quiero independizarme económicamente, ser mi propio jefe", "quiero tener mi propio negocio". Así desarrollan las acciones para emprender y alcanzar esa meta. Sin embargo, es necesario conocer la diferencia de estas expresiones: Ser dueño de su propio negocio es el sueño de muchas personas. Representa un sueño de libertad, por el hecho de no tener jefes y no depender de un sueldo. Pero, esto no es tan sencillo. Cualquiera monta un negocio pero no todos logran mantenerlo.

El dueño de un negocio abre y cierra todos los días su negocio, compra y vende su mercancía, está pendiente de los detalles y vive tranquilo de lo que su negocio produce. Así pueden pasar muchos años. Evelia, una señora muy talentosa para trabajar con las flores, hacía hermosos arreglos florales. Cansada de su empleo, quiso tener su propio negocio y montó una floristería. Tenía buenas ventas. Pronto contrató dos personas para ayudarla. El negocio iba creciendo. Evelia estaba pendiente de cada arreglo floral. Aun cuando los dos empleados ya tenían tiempo con ella y habían aprendido del negocio, no delegaba, no entrenaba al personal, todo quería hacerlo ella misma. Estas dos personas terminaron renunciando a la floristería. Evelia contrató dos nuevos empleados para hacer labores pequeñas, como entregar los arreglos, tomar pedidos y limpiar el local. Cada vez recibía más pedidos y ella se dedicaba sola a los arreglos empleando largas jornadas de trabajo para cumplir. Tenía buenos ingresos y la satisfacción personal de hacer algo donde tenía gran habilidad. Un día lamentablemente enfermó. No contaba con empleados entrenados con la habilidad de hacer los arreglos ni para llevar el control financiero del negocio. Sus tres hijos estaban cada uno dedicados a sus carreras y no les interesaba la floristería. La enfermedad se prolongó, terminó cerrando, vendiendo el local y los equipos.

Si en esta floristería hubiera existido visión, hubiera podido llevar ese negocio a otros niveles. Con esa visión habría contratado y entrenado personas con distintas habilidades, disminuyendo o evitando la rotación de personal, involucrando a su familia. Pudo abrir otras tiendas a través de sus clientes o proveedores, entrenando con sus conocimientos para tener menos trabajo y disfrutar de los beneficios de tener una empresa. Así su salud no hubiera mermado sometida a tan intensas jornadas de trabajo, y su sueño de tener una floristería hubiera permanecido. Trabajar con flores y hacer de eso una gran empresa, pudiera parecer insignificante. No obstante, Holanda es el primer país del mundo exportador de flores y el segundo país es Colombia. Su principal comprador es Estados Unidos. Ningún negocio es pequeño. Todos son grandes oportunidades.

Desde hace más de veinte años conozco un pequeño negocio dedicado a la venta de víveres y frutas. Allí trabaja toda una familia. Comenzaron padres e hijos, luego fueron creciendo, casándose, se incorporaron esposas y esposos, y posteriormente los hijos. En todo ese tiempo han logrado tener un nuevo local. Ese negocio pasará de generación en generación, con la misma estructura de trabajo. Para cambiar tendrá que llegar a esa familia un gerente con visión de negocios. Hasta ahora son sólo dueños de su "propio negocio". Viven de lo que éste les produce. Con eso se conforman. Así pasarán muchos años más.

En cambio, cuando te conviertes en gerente de tu propio negocio, una actividad comercial como la anterior se transforma en un supermercado o algo con mejores condiciones: local, clientes, empleados, con una estructura organizacional. Pueden delegar funciones, disfrutar tiempo para ellos mismos. En cambio si eres sólo "dueño de tu propio negocio", tienes que estar allí todos los días, y si tú no estás, el negocio no funciona. Veinte años es bastante tiempo para hacer crecer un negocio de verduras y frutas. No es suficiente tener la idea y empezar el negocio, se debe tener también la visión a dónde se quiere llegar, además de aplicar otros principios y tener ciertas habilidades.

La empresa estadounidense Walt Mart, fue la iniciativa de un hombre llamado Sam Walton, quien con la experiencia adquirida en la tienda J.C. Penny, logró abrir su propia tienda de ventas al por menor en un pequeño pueblo donde residía junto a su esposa, ofreciendo bajos precios y buen servicio. Esta tienda aparece en el libro Guinness World Records 2014 como una de las empresas más importantes del mundo con 8500 tiendas y con presencia en 15 países.

**Diferencia entre un emprendedor y un empresario**

Analizando estos dos términos, EMPREndedor y EMPREsario tienen la misma raíz. Según el Diccionario de la Real Academia Española (DRAE) emprender es: "acometer y comenzar una obra, un negocio, un empeño. Se usa más comúnmente hablando de los que encierran dificultad o peligro". Y empresa es "acción ardua y dificultosa que valerosamente se comienza". "Intento o designio de hacer alguna cosa". Hasta aquí ambos conceptos guardan relación. Sin embargo, la definición de empresa es más extensa y aparece como: "casa o sociedad mercantil o industrial fundada para emprender o llevar a cabo construcciones, negocios o proyectos de importancia". También dice: "Entidad integrada por el capital y trabajo como factores de la producción y dedicada a actividades industriales, mercantiles o de prestación de servicios generalmente con fines lucrativos y con la consiguiente responsabilidad".

Para ilustrar mejor la diferencia entre un emprendedor y un empresario, voy a hacer referencia al caso de McDonald's: Este negocio de comida rápida, fue una excelente idea creada por los hermanos Richard y Maurice McDonald's, En sus inicios innovaron prestando un servicio de comida rápida, bajos precios y buena atención. Los clientes podían hacer los pedidos desde su vehículo. Estos hermanos lograron tener un negocio exitoso. Cuando ya tenían 15 años funcionando, apareció Ray Kroc, quien era un hombre con experiencia acumulada en ventas. Comenzó vendiendo vasitos de papel, y luego batidoras multi mezcla, con las cuales logró record de ventas. Dentro de sus clientes estaban los hermanos McDonald's, a quienes les planteó entrar al negocio con una pequeña participación y a cambio haría de esta hamburguesa la mejor del país. Al principio los convenció de comercializar su marca, finalmente terminó comprando el restaurant por 2.7 millones de dólares en el año 1961. Para el año 1965 había abierto 700 restaurantes en 44 estados de los Estados Unidos. Desde un principio Ray vio la oportunidad de llevar este concepto de restaurant a otros sitios en ese país. Se orientó hacia un nuevo modelo de negocio. Creó además la Universidad de la hamburguesa. Este hombre es el responsable de su crecimiento y su internacionalización. Era un comerciante e inversionista con gran habilidad para hacer negocios. En cuatro años logró lo que no se había hecho en quince años. Los hermanos McDonald's fueron unos emprendedores y Ray Kroc un empresario. Un emprendedor tiene una idea, la desarrolla y puede lograr un negocio, en cambio, un empresario con esa idea desarrolla una gran empresa con éxito.

Un emprendedor para tener una empresa necesita desarrollar su idea y llevarla a niveles superiores. Debe ir a un nivel de expansión muy alto a través de innovación y definir estrategias para alcanzar posicionarse, crecer, mantenerse y competir. Es precisamente allí donde debe comenzar a desarrollar su idea para llevarla a niveles superiores y así poder disfrutar los frutos de "su idea".

Un caso muy parecido a este sucedió con las tiendas de Victoria's Secret, creadas en 1977 por un emprendedor llamado Roy Raymond, quien vio una gran oportunidad de negocios en crear una tienda de ropa íntima para damas. Pensando en que también el hombre pudiera asistir a comprarlas sin ningún tipo de complicación, ya que, este tipo de prendas íntimas solo se vendía en los grandes almacenes, abrió su primera tienda en el estado de California en Estados Unidos, y en tan solo cinco años ya tenía tres tiendas. Creó un sistema de compra por catálogos. Era un negocio muy rentable que pronto llamó la atención de grandes inversionistas. Sin embargo, decidió venderlo a Leslie Wexler, y este le dio una nueva visión, manteniendo el concepto original de la tienda. En pocos años logró abrir más de 600 tiendas, incluyendo nuevos productos a la marca. Comenzaron a utilizar modelos famosas para mostrar la ropa íntima en los catálogos realizando desfiles de pasarela. En la actualidad Victoria's Secret es una marca reconocida en toda América y una empresa muy rentable.

El emprender es un importante acto de valentía para asumir riesgos con unas ideas innovadoras, que no debe conformarse cuando el negocio va bien; como sucedió con los fundadores de McDonald's y Victoria's Secret.

## No todos los talentos son para hacer negocios o empresas

Todas las personas tienen un talento, pero, no todos los talentos te permiten hacer negocios o llegar a tener grandes empresas. Ser empresario es un talento que reúne las habilidades para hacer negocios, convencer a otros, vender, dirigir, habilidad numérica. Hay quienes tienen talento para practicar un deporte, cantar, actuar, hacer reír, curar, volar aviones, animar, cocinar, motivar, administrar, diseñar programas, bailar, escribir, investigar, entre otros muchos. Hay una gran cantidad de talentos al servicio de la humanidad. También hay talentos gerenciados por quienes tienen el talento de hacer negocios.

Por ejemplo, Eduardo Marceles Daconte, en la biografía que escribió de Celia Cruz menciona: "Celia se matriculó en la academia de las Hermanas Oblatas para estudiar mecanografía, taquigrafía e inglés. Sus padres querían que ella fuera maestra de escuela. Para complacerlos, realizó estudios de Pedagogía en la Escuela Normal", (p.33). El autor nos cuenta cuando Celia fue invitada a cantar por una maestra donde acababa de terminar un curso. Celia le dijo que ya se había graduado de maestra y debía comenzar a dar clases. La maestra le contestó: "No ejerzas, porque tú vas a ganar en un día lo que yo gano en un mes". (p. 33).

La maestra estaba en lo cierto, porque Celia Cruz tenía un gran talento. Sin embargo, lograr materializarlo fue posible gracias a Don Rogelio Martínez, Director de La Sonora Matancera. Él le dio proyección internacional a Celia Cruz. Fue el director detrás del talento.

Rogelio Martínez, con su habilidad gerencial se encargaba de seleccionar los cantantes, los temas a grabar y realizaba los contratos. Como buen gerente, tenía experiencia, conocimientos, habilidad para hacer negocios; reconocía las oportunidades y sabía aprovecharlas. Creyó en el talento de Celia Cruz, lo defendió y lo apoyó hasta lograr su internacionalización.

Otro ejemplo de un talento gerenciado por otros, es el del sonero del mundo, Oscar D'León, quien desde temprana edad mostró interés por la música, se formó como topógrafo y nunca se desempeñó en esta profesión. Fue mecánico, taxista, y en estos oficios tarareaba canciones. Cantaba en coros, destacó con el bajo, así como compositor, arreglista y cantante. Ha demostrado tener una gran habilidad para improvisar en el escenario. Su desarrollo artístico lo ha llevado a compartir con grandes artistas internacionales y presentarse en escenarios en países como Suiza, Estados Unidos, Japón, Cuba, Colombia, entre otros. Fue ganador de un Grammy Latino en el año 2013 por su trayectoria musical. Ha grabado más de 50 álbumes. Detrás de todo ese talento está una persona encargada de gerenciarlo: Oswaldo Ponte.

**La combinación perfecta**

Al sumar el talento empresarial, más el talento de otras personas, más una visión, se obtiene una empresa exitosa. Esta fórmula de éxito se ve reflejada en la historia de la empresa conocida como Walt Disney Company. Empezó cuando Elías Walt Disney, quien era caricaturista y vendía sus caricaturas, se asoció con su hermano Roy Disney, un hombre hábil para los negocios, y juntos crearon la Disney Brothers Studio. Así comenzaron. Uniendo el talento de los dos hermanos.

Anteriormente, Elías Walt Disney lo había intentado dos veces. Se había asociado con Ubbe Iwerks, quien también era un buen dibujante, crean juntos la Iwerks-Disney Commercial Artists, duraron solo un mes, porque Elías Walt Disney prefirió un empleo seguro, por su situación económica, y consiguió que contrataran a Ubbe. En ese nuevo empleo aprendieron cosas nuevas. Con una cámara prestada y en el garaje de su casa, trabajaban por las noches y comenzaron a producir su primera película de dibujos animados.

Esto los motivó a intentarlo de nuevo, crearon otra empresa llamada Laugh-O-Gram Films, en esta oportunidad les fue mejor, hasta que se produce la quiebra de su principal cliente.

Para la tercera oportunidad Elías Walt Disney se asocia con su hermano Roy, conocido hombre de negocios y empresario, y contratan a Ubbe Iwerks. Dedicándose así cada uno a su talento. Walt a crear personajes con sus caricaturas y a dirigir sus producciones, logrando destacarse como dibujante, productor y director. Su hermano Roy se dedicaba a los negocios para hacer crecer la empresa. Para Walt poder dedicarse a su talento necesitó que otra persona se dedicara a gerenciar la empresa. Roy desempeñó el cargo de Jefe Ejecutivo de Disney y Presidente de la compañía hasta el momento de su muerte en 1971.

Carolina Herrera, Diseñadora de modas venezolana, asistió a los 13 años a su primer desfile de moda en París y hoy día tiene su centro de operaciones en la ciudad de Nueva York. Comenzó a la edad de 40 años diseñando 20 vestidos con una costurera de Caracas. Esta iba a su casa todos los viernes. Luego, Carolina Herrera viajó a Nueva York, estableció algunos contactos y decidió crear su propia compañía, así lo comenta Mónica Bottero, periodista uruguaya en su libro: "negoció con varias empresas, averiguó cómo comprar telas, dónde presentarse en sociedad, quiénes eran los que debían verla" (p.92). Desarrolló su plan de negocios. Se asoció con Armando de Armas, un conocido empresario venezolano, fundador del Bloque de Armas y Director de la Editorial América. Comenzó "con seis costureras" (p.95) y luego se convirtió en "una empresa con 120 empleados, decenas de modistas y una proyección internacional" (p.95). En la entrevista que le concedió la diseñadora a la periodista Bottero, expresó: "Uno no puede estar en todo, Hay otras personas para los números yo estoy en la parte creativa". Ella se dedica a su talento y otros al negocio, a la gerencia de la empresa. Ha logrado levantar toda una industria en el diseño de modas. Estuvo muy clara en cuál era su talento y se dedicó a él. Necesitaba de otros, con los conocimientos y experiencia para poder lograrlo.

En Venezuela existe una heladería muy famosa fundada en 1981: la Coromoto, ubicada en la ciudad de Mérida. Es una parada obligada por quienes viven en la ciudad, por turistas y visitantes. Esta heladería abrió su primera franquicia en Portugal en 2006, la cual es dirigida por el hijo de Manuel Dasilva Olivera, su fundador. Es sin duda alguna, una gran idea de negocio que se ha mantenido por tantos años. Ofrece una gran variedad de sabores que van desde los más comunes hasta los sabores más impensables como arroz, caraotas, jojoto, aguacate, verduras, hamburguesa, pabellón, viagra, entre muchos otros. Esa innovación y gran variedad la hizo entrar al Libro *Guinness World Records* por ser la heladería con más sabores del mundo. Esta heladería tan innovadora debería estar en distintas ciudades del país y en el mundo. Esto le permitiría a su creador y fundador, trascender su idea de negocio en distintos territorios y vivir cómodamente de sus ganancias mientras disfruta ver crecer su negocio y saber que en distintas ciudades las personas puedan disfrutar su gran idea.

## Segundo capítulo
## El arte del negocio

*"el arte es la acción, la vida".*
**Joseph Beuys**

**DIRIGIR UNA EMPRESA ES UN ARTE**

*Ninguna empresa puede tener éxito sin estar debidamente organizada*
**James Cash Penney**

El arte es una actividad que se desempeña donde se ponen de manifiesto habilidades, talento y conocimientos con el uso de recursos para lograr expresar aquello que está en la mente y se desea crear. Al observar un pintor concentrado en su lienzo, pincel y paleta, este comienza a dar forma con sus colores a una imagen que observa o que está en su mente. Igualmente cuando ve un artista de un circo salir a escena montado en un monociclo, y a la vez hacer malabarismo, este pone de manifiesto sus habilidades y talento para desempeñar esa actividad que logra alegrar o impactar en el público. Así también, "dirigir una empresa es un arte", y como tal requiere de ciertas habilidades, conocimientos y talento para alcanzar materializar lo que está en la mente de quien dirige. Es por eso que "un buen emprendedor, debe ser una persona con capacidad para el pensamiento creativo e innovador, tener habilidades gerenciales..." (p.21). Esto fue expresado en el informe del Banco de Desarrollo de América Latina (CAF) 2013, en el cual se hace un análisis de este requisito y destaca la importancia de adoptar buenas prácticas gerenciales para desarrollar emprendimientos. Lo consideran un factor que puede repercutir considerablemente en la productividad de un negocio.

En el capítulo anterior se mostró cómo detrás de grandes talentos como los de Elías Walt Disney, Steve Wozniak y los hermanos Mc Donalds, necesitaron de un gerente para administrar sus talentos y sus proyectos. Todos tenían talento e importantes proyectos, pero necesitaron de Roy Disney, Steve Jobs, Ray Kroc respectivamente, quienes poseían habilidades gerenciales para ver el resultado de estas empresas que hoy el mundo conoce: Walt Disney, Apple Computer y McDonald's.

Asimismo, con talento de cantantes como Celia Cruz y Oscar D'León, fueron sus *managers*, los encargados de gerenciarlos. Y así, muchos otros ejemplos pueden conseguirse para confirmar que detrás de todo negocio o talento exitoso, hay detrás una buena gerencia.

Un negocio debe empezar con mucho orden y organización, para estar prevenido en su crecimiento y no desaparecer en el intento. Se necesita de una buena gestión, y esto no es más que una buena gerencia. Es necesaria en toda organización donde existan dos o más personas para prestar un servicio, fabricar y/o vender un producto. Una buena gerencia garantiza la supervivencia de una empresa o negocio, porque busca la productividad, la rentabilidad, el buen servicio y el bienestar de todos.

**La gerencia a través de una historia**

Siendo la gerencia tan importante para los resultados satisfactorios de un emprendimiento, les quiero presentar una historia que ilustra los principios gerenciales que un emprendedor debe conocer. La encontré en la Biblia y comienza con la historia de José en Génesis, capítulo 41 al 47.

La historia comienza cuando el Faraón tiene unos sueños que se presentan en distintas formas y se le repiten dos veces. En su deseo de conocer el significado, mandó a buscar a los magos y sabios de Egipto y ninguno había sido capaz de interpretar los sueños. Es cuando le comentan al Faraón que en la cárcel se encontraba "un joven hebreo, esclavo del capitán de la guardia", que había interpretado los sueños de dos de los guardias del Faraón cuando estuvieron en la cárcel. Los sueños se cumplieron como el prisionero había profetizado, entonces el Faraón da la orden de liberar a José. Una vez encontrándose ante la presencia del Faraón, escucha los sueños que este había tenido. Allí, en esta parte de la historia, es cuando se comienzan a revelar importantes principios para gerenciar. José puede interpretar los sueños, diciéndole que los dos sueños tienen el mismo mensaje. Se avecinaban siete años de abundancia y siete años de escasez para Egipto. Y ante tal situación el Faraón debía tomar las medidas necesarias para que el pueblo no perezca. José le dice luego de interpretar el sueño todo el plan que debe seguirse para sobrevivir a esa situación. Ante esta visión, el Faraón toma la decisión de designar a José a cargo del palacio y de ejecutar el plan que la había mencionado tendría que seguirse. Para eso le confiere la autoridad necesaria, para ser obedecido por el pueblo, además de una esposa con la que tiene dos hijos; comenzando así José a trabajar en la tierra de Egipto.

De acuerdo con mi experiencia en esta área, pude reconocer en esta historia que lo realizado por José en forma natural y sin este saberlo, revelaba importantes principios. Estos le permitieron gerenciar de forma exitosa, desempeñando las actividades de: negociación, compra y ventas, intercambios, la obtención de dinero, la protección del pueblo y sus bienes, además de tener inventario suficiente para la escasez, proporcionando así, bienestar al Faraón, al pueblo, a él y a su familia. Además, como buen Gerente supo preparase en tiempos de abundancia para los tiempos de escasez, y lo hizo posible a través de los siguientes siete principios:

## PRIMER PRINCIPIO: VISIÓN

*"En realidad, los dos sueños del Faraón son uno solo, Dios le ha anunciado lo que está por hacer. Las siete vacas hermosas y las siete espigas hermosas son siete años. Se trata del mismo sueño. Y las siete vacas flacas y feas, que salieron detrás de las otras, y las siete espigas delgadas y quemadas por el viento solano, son también siete años. Pero éstos serán siete años de hambre. Tal como le he dicho al Faraón, Dios le está mostrando lo que está por hacer. Están por venir siete años de mucha abundancia en todo Egipto, a los que les seguirán siete años de hambre, que harán olvidar toda la abundancia que antes hubo. ¡El hambre acabará con Egipto! Tan terrible será el hambre, que nadie se acordará de la abundancia que antes hubo en el país. El faraón tuvo el mismo sueño dos veces porque Dios ha resuelto firmemente hacer esto, y lo llevará a cabo muy pronto".(41: 25-32)*

Solo José tuvo la capacidad de ver más allá para interpretar el sueño del Faraón. Fue el único que tuvo la visión de saber lo que acontecería en Egipto y lo que tendrían que hacer para sobrevivir.

## SEGUNDO PRINCIPIO: DEFINIR UN PLAN

*"durante los siete años de abundancia recauden la quinta parte de la cosecha en todo el país. Bajo el control del Faraón, estos inspectores deberán juntar el grano de los años buenos que vienen y almacenarlo en las ciudades, para que haya una reserva de alimentos. Este alimento almacenado le servirá a Egipto para los siete años de hambre que sufrirá, y así la gente del país no morirá de hambre. Al faraón y sus servidores les pareció bueno el plan".* (41: 34-37)

José pudo explicar todo lo que debía hacerse a través de un plan para prepararse ante lo que vendría según su visión. Se desarrolló explicando claramente de la siguiente forma, dando respuestas a interrogantes claves que debe contener un plan:

**¿QUÉ?:** Cosechar y guardar en los años de abundancia para tener en los años de escasez.

**¿QUIÉN?:** El Faraón y José. ¿Quién ayudará? Los inspectores distribuidos a lo largo del territorio de Egipto.

**¿DÓNDE?**: Recorriendo la tierra de Egipto. Para saber dónde se va a cosechar y dónde se va a guardar las provisiones para la escasez.

**¿CUÁNDO?**: Tan pronto a José se le confiere su autoridad, comenzó a trabajar, se cosechaba en la época de abundancia, y en el momento que el pueblo sintió la escasez acudieron a José, y este empezó a vender las provisiones almacenadas.

**¿CÓMO?**: Reservando un quinto de la cosecha de la época de abundancia.

**¿POR QUÉ?**: En el caso de José, para salvar una nación porque se avecinaban los años de cosecha y de escasez.

## TERCER PRINCIPIO:
## TRABAJO EN EQUIPO

*"Además el Faraón deberá nombrar inspectores en todo Egipto".(41:34)*

Era imposible que solo José pudiera realizar todo el trabajo necesario para preparase a los acontecimientos que vendría al pueblo egipcio. Era necesario del apoyo de otras personas para sacar adelante el plan y aprovechar los tiempos de abundancia para sobrellevarla escasez que se avecinaba a Egipto.

## CUARTO PRINCIPIO: GESTIÓN DE PERSONAS

*"Por todo esto el Faraón, deberá buscar un hombre competente y sabio para que se haga cargo de la tierra de Egipto....Entonces el faraón les preguntó a sus servidores: ¿Podremos encontrar una persona así en quien repose el espíritu de Dios? Luego le dijo a José: Puesto que Dios te ha revelado todo esto, no hay nadie más competente y sabio que tú." (41: 33, 38-39)*

Aquí se observa que el Faraón, máxima autoridad, aplica este principio, cuando tiene el sueño y reconoce que necesita mandar a buscar magos y sabios. De esa búsqueda termina seleccionando a José, porque este reunía las competencias necesarias para asumir los retos que se iban a presentar en Egipto, según el sueño que había tenido. Además de seleccionarlo, luego se observa en la historia cómo lo recompensa de forma justa por su labor.

## QUINTO PRINCIPIO: AUTORIDAD

*"Quedarás a cargo de mi palacio y todo mi pueblo cumplirá tus órdenes. Solo yo tendré más autoridad que tú, porque soy el rey. Así que el faraón le informó a José: Mira yo te pongo a cargo de todo el territorio de Egipto. De inmediato el Faraón se quitó el anillo oficial y se lo puso a José. Hizo que lo vistieran con ropas de lino fino y que le pusieran un collar de oro en el cuello. Después lo invitó a subirse en el carro reservado para*

*el segundo en autoridad, y ordenó que gritaran: "abran paso". Fue así como el faraón puso a José al frente de todo el territorio de Egipto. Entonces el Faraón le dijo: Yo soy el faraón, pero nadie en todo Egipto podrá hacer nada sin tu permiso". (41: 40-44)*

Aquí se observa cómo José, una vez que es seleccionado para las funciones por el Faraón, este le confiere la autoridad que necesita: la investidura para que lo obedezcan. Define además los límites de su actuación. El Faraón lo designa delante del pueblo y les dice que deben obedecerlo. Esa autoridad le es conferida porque es quien sabe lo que se necesita hacer para superar los siete años de escasez de Egipto. En otras palabras, él será el jefe.

## SEXTO PRINCIPIO: FAMILIA Y TRABAJO

*"además le dio por esposa a Asenat, hija de Potífera, sacerdote de la ciudad de On... Antes de comenzar el primer año de hambre, José tuvo dos hijos con su esposa Asenat",*
*(41: 45, 50)*

Aquí se puede apreciar la importancia de tener una buena base familiar para hacer frente a grandes retos. El Faraón le concede una esposa, además más adelante en la historia se lee la importancia que tienen para José el resto de su familia: padres y hermanos. La consideración que tiene por estos el Faraón y cómo los ayuda, para retribuir a José por su labor.

## SÉPTIMO PRINCIPIO: RECORRER EL TERRITORIO

*"Tan pronto como se retiró José de la presencia del Faraón, se dedicó a recorrer todo el territorio de Egipto".(41: 46)*

No se quedó con el cargo dirigiendo y esperando que las cosas pasaran. Él mismo se puso en marcha para trabajar por los resultados esperados.

En la historia anterior hubo gerencia. En una empresa la gerencia puede estar presente de muchas maneras, por ejemplo:

1. El dueño de la empresa no está a cargo de la misma, y nombra un Gerente. En este caso, el Gerente designado dirige la empresa. Tiene la responsabilidad de alcanzar resultados gerenciando los recursos disponibles, pero, está subordinado al dueño de la empresa, como el caso de José.

2. El dueño de la empresa se desempeña como Gerente de esta. Aquí él toma las decisiones, dirige y es el responsable de los resultados.

3. Y existen empresas con grandes estructuras. Tienen un Presidente, Gerente General o máxima autoridad, y distintos niveles operativos con cargos gerenciales: Gerente de Ventas, Gerente de Mercadeo, Gerente de Servicios, Gerente de Contabilidad, Gerente de Recursos Humanos, Gerente de Producción, entre otros.

Ser Gerente es una tarea titánica, de gran envergadura, en inglés se le conoce como CEO (Chief Executive Office) para distinguirlo del resto de los otros cargos con autoridad y responsabilidad en la empresa. Es la denominación que se usa para el Presidente, Director Ejecutivo, Gerente General. Es el máximo responsable por los resultados de la organización.

## Tercer capítulo
## Siete principios para emprender y crecer

*"Se puede decir hasta ahora que el empirismo ha reinado en la administración de los negocios. Cada jefe gobierna a su manera sin inquietarse por saber si hay leyes o reglas que rijan la materia. La ausencia de doctrina deja libre curso a todas las fantasías. Hay que introducir el método experimental como Claudio Bernard lo introdujo en la medicina. Es decir, observar, recoger, clasificar e interpretar los hechos. Instituir experiencias. Sacar reglas."*
**Henry Fayol**

*"El emprendedor siempre busca el cambio, responde a él y lo utiliza como oportunidad".*
**Peter Drucker**

### SIN LÍMITES PARA CRECER

Todo emprendedor que tiene una idea o proyecto de negocio, desea verlo crecer. Todos quieren convertir sus negocios en empresas rentables y que aporten satisfacción personal. Muchos emprendedores quieren convertirse en empresarios, pero, ¿qué hace falta para lograrlo? Se puede aprender de quienes lo han logrado y también de quienes están levantando su vuelo, que tienen un camino adelantado. En historias del capítulo uno, hay muchas lecciones. Y en este capítulo se presenta una historia de alguien que no se puso límites para crecer. Llevó su idea de negocio a un alto nivel empresarial. Comenzó sin capital. En su historia están presente los principios gerenciales que se presentaron en el capítulo II.

## EMPRENDEDOR Y ACTOR

Para desarrollar este capítulo me propuse buscar un emprendedor que haya logrado con su iniciativa de negocio crecer a un mayor nivel empresarial. Un modelo que resultara inspirador y a través del mismo pudiera explicar todo lo aquí expuesto para emprender y crecer. Además de poder tener acceso a él, se me tornaba difícil y desalentador. Conversando un día con mi esposo acerca de este perfil, y mi preocupación por no encontrarlo, me recomendó un día que investigara acerca de Andrés Moreno, a ver si me interesaba. Y lo primero que le dije fue: ¿Quién es Andrés Moreno? No he escuchado hablar de él. Y me contestó. "Es el dueño de Open English. El que sale en las propagandas." Ante la impresión que me causó, enseguida comencé a investigar acerca de él. Resultó que además de cumplir con los requisitos que buscaba, es un emprendedor joven y reconocido. Tal fue mi interés que fui a su oficina en la ciudad de Miami. Y allí establecí los contactos necesarios para acceder a él.

Así como lo fue para mí, quizás también para muchos el nombre de Andrés Moreno resulte desconocido. No sabes si al verlo le vas a pedir una entrevista o un autógrafo. Es el joven que vemos en los comerciales de la televisión promocionando "una nueva forma de aprender inglés" con Open English. Las frases se han hecho tan famosas, y la que mejor lo describe es la de "Éxitoooo". Porque éxito es lo que ha conseguido este joven con su talento, conocimientos, y un gran espíritu emprendedor.

Andrés Moreno consiguió en estos comerciales la plataforma perfecta para promocionar su proyecto y a la vez convertirse en un actor. La actuación no fue algo planificado. Fue la consecuencia de un bajo presupuesto de alguien que inicia un negocio y no puede contratar actores para los comerciales. Necesitaban un actor bilingüe, y asumió ese rol. Necesitaban una profesora de inglés, y lo asumió su esposa. Fue un emprendedor del tamaño del compromiso que se le presentó, y ahora es reconocido como el joven de los comerciales de Open English. Detrás de esa actuación, había un deseo de utilizar un poderoso medio publicitario para su idea o proyecto de negocio. Un emprendedor que supo hacer uso de las estrategias comerciales para proyectar su iniciativa empresarial.

## Sus inicios

Comenzó como emprendedor cuando tenía 21 años, creando la empresa Optimal English, en la ciudad de Caracas, mientras todavía estudiaba Ingeniería en la Universidad Simón Bolívar. En Optimal se dedicaban a enseñar inglés a ejecutivos de empresas trasnacionales, con universitarios estadounidenses recién graduados que querían vivir en Latinoamérica y aprender español. Ellos los traían y les enseñaban español, y a cambio, estos enseñaban inglés a los ejecutivos. Luego de tres años viendo la gran oportunidad que representaba internet para este modelo de aprendizaje, deja esta empresa y con la experiencia adquirida en Optimal English se asocia con Wilmer Sarmiento, un ingeniero que conoció mientras estudiaba en la Universidad Simón Bolívar. Comenzaron en un departamento y luego terminaron en dos departamentos y quince programadores. Después de un año de financiar el proyecto se queda sin dinero y sale a buscar capital para hacer crecer su idea de negocio. Así inician Open English en el año 2007. Wilmer Sarmiento se queda en Venezuela para desarrollar la web de la compañía y Andrés Moreno sale a buscar el capital que necesitan.

## De Venezuela pa´ Silicon Valley

En Venezuela, es común ver en periodos vacacionales, o en los tiempos libres cuando la gente se dispone a vacacionar, que en los vidrios de su carro colocan de dónde vienen y hacia dónde se dirigen a pasar sus vacaciones. Así se puede ver distintos anuncios: De Mérida pa´ Margarita, de Caracas pa´ Puerto la Cruz, de Caracas pa´ Maracaibo, entre otros destinos. El país cuenta con muchos lugares para el disfrute y el esparcimiento. En el caso de Andrés Moreno, él no se iba de vacaciones. Se fue de Venezuela a recorrer territorios con un fin: hacer crecer su idea de negocio. En carro hubiera podido colocar: De Venezuela pa´ Silicon Valley.

Silicon Valley, ubicado en el norte de California, en los Estados Unidos, es una importante referencia para negocios de alta tecnología. Allí tienen sede empresas renombradas como: Apple Inc, Google, Hewlett Packard, Yahoo, Facebook, Adobe Systems, Cisco Systems, Twitter, entre otras.

Andrés Moreno tenía una gran idea y su proyecto de negocio. Confiaba en que la región era una gran oportunidad para crear una compañía que enseñara inglés.No tenía el dinero necesario para levantar su empresa. Como buen emprendedor, debe salir a **recorrer territorios** para lograr desarrollar su idea de negocio. Se va al lugar preciso por las características de su proyecto: Silicon Valley. Partir de Venezuela a buscar el capital necesario para desarrollar su empresa era parte de su plan. Sabía que no sería fácil para un emprendedor latino levantar millones de dólares, pero sabía que era posible en Silicon Valley.

Llegó con 700 dólares a la casa de un amigo, y estuvo un año durmiendo en un sofá, poniéndose el mismo traje para sus entrevistas, presentando su proyecto a distintos inversionistas. Le llevo un año conseguir los primeros 400 mil dólares para financiar la primera versión de la web. Tuvo paciencia, perseverancia. Y la pasión en su idea de negocio unido con la habilidad para convencer a otros de su proyecto.

Buscando confirmar los secretos de su éxito le hice las siguientes preguntas:

¿Cuál consideras que es tu principal talento?

"Uno tiene por lo general varios talentos y los combina para sacar el mejor provecho de todos. En mi caso, el haber aprendido inglés en mi infancia en USA, y el haber viajado por muchos países debido al trabajo de mis padres, me ayudó a apreciar la importancia de dominar un segundo idioma para desenvolverte bien en todas las circunstancias de la vida. Luego, invertí mis años de universidad aprendiendo sobre tecnología, porque sabía que esa era el área de mayor crecimiento en el futuro.

Con el tiempo y después de muchos aprendizajes, crear y dirigir empresas se ha convertido en mi talento adquirido. Es algo que me apasiona y actualmente estoy involucrado en la creación de varias empresas nuevas. Next University, por ejemplo, que tiene apenas 2 años de fundada, es una institución educativa en línea que otorga certificaciones en desarrollo de software que permiten a los estudiantes insertarse en el mercado laboral en menos de un año. Como Open English lo fue en su momento, es una apuesta a un nuevo modelo educativo, creado para la generación de los millenials…y tenemos varias ideas más que están en pleno desarrollo en este momento."

En su respuesta, se puede observar cómo la habilidad de aprender inglés desde su infancia. Y con los conocimientos adquiridos en la universidad, en el área de tecnología, aunados a lo que expresa de su pasión de crear y dirigir empresas, con esa combinación, no puede resultar extraño que hoy día sea el fundador y director de una empresa que enseña inglés con el uso de herramientas tecnológicas.

## Principio N° 1:
## VISIÓN

*... Pues la visión se realizará en el tiempo señalado; marcha hacia su cumplimiento y no dejará de cumplirse.*
**Habacuc 2:2-3**

Toda gran empresa que existe es el resultado de que primero hubo una visión de la misma, por ejemplo Bill Ford expresó en la celebración del cumpleaños número 150 de Henry Ford: "la visión de mi bisabuelo era la de mejorar la vida de las personas mediante la fabricación de automóviles asequibles para la familia de clase media. Su idea de la producción de automóviles con un precio razonable, que hoy día aún resuena, define nuestra visión". Si Henry Ford no hubiera tenido visión, no hubiera existido esa empresa que ha perdurado en distintas generaciones.

La visión es la capacidad de ver una situación o hecho que acontecerá antes de que suceda. Para eso debe existir la certeza que así será. Se refiere a una capacidad que no todo el mundo tiene. Es poder percibir más allá. Algunos sólo pueden mirar una situación o un hecho, otros ven más allá y pueden proyectarse e interpretar lo que puede estar a simple vista. Se trata de ver el bosque completo y no solo el árbol. Eso es visión. Saber a dónde quieres llegar con tu idea de negocio, proyecto o empresa. Andrés Moreno, reflexionó y expresó cuando le pregunté por su talento:

*"De hecho, la idea de Open English surge del avance tecnológico de Skype, que me hizo ver que el aprendizaje no presencial tenía mucho potencial."*

Ya con su empresa Optimal tenía la experiencia de enseñar inglés con clases presenciales y sabía que debía innovar. En el año 2007 hizo su primera llamada por Skype y supo reconocer la oportunidad que representaba esta herramienta para satisfacer la necesidad que tenían millones de personas en el mundo de aprender inglés. Y crea una compañía para la enseñanza de inglés en línea, donde las personas pudieran acceder desde cualquier lugar donde se encuentren, a cualquier hora, los 7 días de la semana. En la actualidad Open English es una empresa que ha logrado más de 120 millones de dólares de inversión de capital, tienen más de 500000 estudiantes y cuentan con más de dos mil empleados directos e indirectos en distintos países de toda Latinoamérica, España y el mercado hispano de los Estados Unidos. Tiene oficinas en: Venezuela, Estados Unidos, Colombia, Argentina y Brasil.

Claramente la explicó sin que yo tuviera que hacer la pregunta directa de cuál fue su visión al crear la empresa. Desde un principio tuvo visión. Para él Skype representó su oportunidad de negocio. Y su visión más su talento empresarial le permitirá seguir proyectándose a nuevos mercados y nuevas oportunidades, sin importar cuánta competencia pueda surgir en el camino, o cuántos obstáculos puedan presentarse.

La visión distingue a los empresarios de éxito, los emprendedores que crecen de los que se quedan en el camino. Muchos saben que quieren un negocio pero no a dónde quieren llegar con él. Es como el arquitecto que quiere diseñar un gran edificio, primero lo imagina y luego lo materializa en su diseño con cada detalle, se pone en marcha con los recursos y las personas, dirigiendo, vigilando cada detalle hasta ver concluida su visión.

## Principio N° 2:
## DEFINIR UN PLAN

*"El que se apresura alocadamente va a la pobreza"*
**Proverbios 21:15**

Un plan es necesario para alcanzar los objetivos. Plantea todo lo necesario para lograr una meta, definiendo: recursos, tiempo, lugar y personas. Es una secuencia lógica de pasos para alcanzar un objetivo, en los que se debe dar respuestas a interrogantes necesarias de formularse a la hora de definir el plan: **¿QUÉ? ¿QUIÉN? ¿DÓNDE? ¿CUANDO? ¿CÓMO? y ¿POR QUÉ?**

En todas estas respuestas están contenidas las interrogantes de un buen plan. Mientras más respuestas, más claro el plan y se obtendrán mejores resultados. Luego lo más importante: tomar acción. He visto la presentación de planes muy buenos e interesantes que definen qué hacer y quién debe hacerlo, dejando preguntas como: dónde, cuándo, cómo, por qué, sin definir de forma clara y precisa. Con esto no se alcanzan resultados, hay mayor desgaste y conflicto entre los involucrados. Las interrogantes son necesarias para alcanzar una meta o un objetivo. En el caso de Andrés Moreno, las interrogantes y sus respuestas:

## ¿Qué?

¿**Qué** quiero hacer? Crear una empresa que ofrezca una nueva forma de aprender inglés con el uso del Skype. ¿A **qué** me voy a dedicar? Estaba claro que él quería crear una empresa que enseñara inglés. Ya traía la experiencia de Optimal english, en la que trabajó tres años, y en esta oportunidad, con una nueva visión quería tener una empresa. ¿**Qué** necesito para comenzar? Los conocimientos, las habilidades y la experiencia que había acumulado de su iniciativa anterior, constituían su principal capital. Ya conocía los métodos tradicionales para enseñar inglés y esto lo llevó a "reinventar una nueva forma de aprender inglés". ¿**Qué** voy a obtener? Una gran empresa. Sabía que tenía una gran idea de negocio que lo llevaría a tener una empresa de mayor nivel que la anterior. ¿**Qué** riesgos debo correr? Aparte de dejar Optimal english y enfocarse en su visión, abandonó sus estudios de ingeniería en la universidad, cuando le faltaba menos de un año para graduarse, aun sabiendo lo que esto significaba para sus padres. Y tuvo que financiar su proyecto, quedándose sin dinero el primer año. ¿En qué se diferencia mi producto o servicio? Identificó muy bien su competencia en el mercado, estudió muy bien sus debilidades y supo aprovecharlas creando un nuevo método de aprendizaje de inglés por internet, desde cualquier parte que se encuentre el estudiante y a cualquier hora que este lo desee, las 24 horas al día, con un sistema personalizado, con profesores norteamericanos.

## ¿Quién?

¿Con **quién** voy a contar? Para empezar su nueva iniciativa empresarial, Andrés Moreno buscó un destacado ingeniero que conoció mientras estudiaba en la universidad: Wilmer Sarmiento. ¿A **quién** contratar? Luego, para un proyecto tan ambicioso requerían de otros profesionales y buscaron 15 programadores. ¿**Quién** es el responsable del negocio? Andrés Moreno, porque era su iniciativa, su visión de negocio. ¿A **quién** más necesito? Necesitaba publicidad y acudió a un canal de televisión venezolana para presentar su proyecto. ¿**Quiénes** me pueden ayudar con el financiamiento? Sabía además que necesitaba capital y se fue a California, en Estados Unidos. ¿**Quiénes** serán mis clientes potenciales? Comenzó con el mercado venezolano y ha logrado abrirse mercado en otros países.

## ¿Dónde?

¿**Dónde** voy a funcionar? Comenzaron en su apartamento, luego fueron dos apartamentos. ¿**Dónde** buscar lo que necesito para empezar? Necesitaba apoyo para hacer la publicidad del negocio y apoyo financiero. En Venezuela, un canal de televisión les dio la oportunidad para los comerciales, que los dio a conocer rápidamente y fuera de Venezuela consiguió el capital necesario para la creación de la plataforma online. ¿Dónde? Comenzaron en la ciudad de Caracas.

## ¿Cuándo?

**¿Cuándo** es el mejor momento para empezar? Tan pronto terminan con la empresa Optimal english, comienza en el año 2007. **¿Cuándo** lanzar el producto o servicio al mercado? Y en el año 2008 lanzan comercialmente la empresa Open English.

## ¿Cómo?

**¿Cómo** alcanzar mejores resultados? Buscando a los mejores en su área para desarrollar su proyecto. Saliendo del apartamento donde desarrollaban la web de la compañía a buscar el capital y los medios publicitarios para dar a conocer su idea de negocio y hacer crecer su empresa.

## ¿Por qué?

**¿Por qué** el producto o servicio es necesario? Andrés Moreno sabía que su idea representaba una gran oportunidad de negocios, por el creciente uso de internet ylas escuelas que

tienen muchos años en el mercado enseñando el idioma con métodos tradicionales. Comentó en una entrevista: "esto es como el gimnasio, cuando la gente se inscribe comienza con muchas ganas y va con frecuencia, pero luego comienzan a faltar y al final no regresan".
**¿Por qué** debo buscar ayuda? Con la confianza y la fe que tenía en su proyecto de negocio se dispuso a buscar toda la ayuda necesaria para finalmente hacer crecer su empresa y en la actualidad la empresa tiene sede en Miami, oficina en Caracas, atienden otros países de la región como Colombia, México, Brasil, Perú, el mercado hispano de Estados Unidos.

Todas esas interrogantes van conduciendo a lo que se llama un plan de negocios, que necesita todo emprendedor para iniciar. Este plan constituye su brújula de acción y le va a permitir en todo momento revisar y reorientar las acciones para alcanzar las metas propuestas.

## Principio N° 3:
## TRABAJAR EN EQUIPO

*"Al final, todas las operaciones de negocios pueden ser reducidas a tres palabras: gente, producto y beneficios. A menos que tengas un buen equipo no tienes mucho que hacer con las otras dos"*
**Jack Welch**

Imagínese un equipo de fútbol compuesto solo por el Director técnico. Sin arquero, sin lateral derecho, lateral izquierdo, delanteros, defensa central ni medio campista, no es un equipo. Nunca podrá salir a la cancha de juego. Un solo hombre puede ser muy competente, pero solo no puede llegar muy lejos. Necesita de otras personas para lograrlo. Muchas empresas que han logrado ser exitosas aplican este principio. Trabajar en equipo es lograr la integración de un grupo humano y utilizar sus mayores fortalezas para alcanzar los objetivos propuestos. Las fortalezas son los conocimientos, las habilidades y destrezas, de las personas, además de: una buena dirección y liderazgo. En la cancha de juego es necesario unir todos los recursos, fortalezas y definir estrategias, para destacar y ganar, asimismo, en un negocio que se emprende, es necesario.

Cada uno debe estar dispuesto a aportar su talento para hacer equipo, esto es determinante para el triunfo. No puede haber individualidades sino grupos. Se suman para el resultado. Se participa para destacar el grupo, no se participa para ser la estrella. El triunfo es el aporte de todos. Se forma parte de un equipo teniendo una conciencia de grupo y de este modo aportar cada uno lo mejor y contribuir al logro de las metas.

Andrés Moreno ha aplicado muy bien este principio, primero se asocia con Wilmer Sarmiento, en esos inicios buscan otros programadores, luego, cuando va a buscar capital para su empresa consigue "inversionistas" llamados ángeles para apoyar financieramente su negocio. También en los comerciales de televisión, se observa la conformación de un equipo: su esposa, "la profesora Jenny de California" y el actor Adrián Lara. La empresa tiene actualmente una junta directiva y ha crecido hasta tener una gran estructura que va desde asistentes, gerentes, empleados, entre otros. Todos los que se han unido a conformar el equipo de Open English lo han hecho para contribuir con su talento, sus habilidades, conocimientos y recursos para lograr la visión de su creador.

*Dra. Judith Canelón*

## Principio N° 4:
## GESTIÓN DE PERSONAS

*"Usted puede diseñar y crear, y construir el lugar más maravilloso del mundo, pero se necesita gente para hacer el sueño realidad"*

**Walt Disney**

La gestión de personas es otro principio necesario para crecer cuando emprende cualquier idea, proyecto o sueño. Existe la creencia que la gestión de recursos humanos o gestión de personas es solo para grandes empresas. No es así. También está presente desde el comienzo de un negocio, en el que se requiere buscar, seleccionar, contratar y pagar por trabajo realizado. Si se desea crecer, esto es parte de la gestión de personas, de eso se trata este principio.

En la empresa Open English, es un principio que ha permitido llevar la empresa a un mayor nivel de crecimiento. Cuando empezaron eran sólo Andrés Moreno y Wilmer Sarmiento. Luego tuvieron entre 15 y 22 programadores. En la actualidad la empresa tiene más de 2000 empleados directos e indirectos. Ha tenido que lograr desarrollar toda una gestión de personas de acuerdo a las características de la empresa y, por supuesto, a la visión de su fundador: Andrés Moreno, innovador por naturaleza, quería algo diferente a la gestión de los departamentos tradicionales de recursos humanos, y teniendo la empresa más de dos mil personas trabajando en la región, contrataron un life coach como Director de la felicidad.

Por mi formación académica en esta área y mi experiencia, esto me llama mucho la atención por considerarla una práctica novedosa en el área de recursos humanos y además conociendo que el coaching es una buena estrategia para potenciar a los individuos. Por eso le planteé la siguiente pregunta : **¿Considera que ha tenido resultados satisfactorios en la gente que conforma la empresa incorporando un Life Coach (Director de la Felicidad) en la empresa?**

"Pienso que todo esfuerzo que se haga para mejorar las condiciones laborales de la gente que trabaja con uno es, de entrada, muy importante. En nuestro caso, el Director de la Felicidad fue un factor muy valioso en el proceso inicial de conformación de la empresa, y dio excelentes resultados en establecer el clima laboral de la empresa, que la gente continúa viviendo porque ya lo incorporan a la manera de trabajar en el día a día."

Aparte del resultado obtenido, se demuestra que es necesaria la incorporación de prácticas o estrategias que ayuden a conseguir lo mejor de las personas con las cuales se trabaja, porque es importante lograr que se comprometan y den lo mejor de sí mismos para alcanzar la visión de la empresa. Otro aspecto importante a conocer es acerca del perfil de quienes van a trabajar en Open English y su participación en el proceso:

**¿Qué características buscan en las personas que van a trabajar en Open English?**

"Los valores de la empresa y las características de la marca son los que orientan la selección de personal, y en este sentido buscamos gente flexible, abierta, creativa, con pasión por lo que hace y con cierto sentido del humor o de diversión. Por ejemplo, en la oficina de Miami tenemos un cartel con la palabra FUN, para recordarnos de divertirnos con lo que hacemos todos los días. Nuestra gente cree en su crecimiento profesional en la misma medida en la que crece la empresa. Es la única manera de mantener a tu gente motivada y en constante crecimiento y mejora".

**¿Tiene alguna participación directa o indirecta en la selección del personal que va a trabajar en tu empresa?**

"Nuestro modelo organizacional es bastante plano, así que siempre tengo la oportunidad de conocer a los que van a trabajar con nosotros.

De todas maneras, tanto el equipo de Recursos Humanos como los gerentes que contratan al personal están capacitados para contratar a cualquier persona, porque conocen perfectamente el perfil de un empleado de Open English y pueden detectar cuando alguien "hace clic" con nuestra forma de ser como empresa."

Así como en Open English, su fundador y CEO, tiene especial atención por los detalles de la gestión de las personas que conforman la empresa, así mismo todo emprendedor que desee hacer crecer su negocio debe velar por la gestión del personal de su empresa que comienza con la búsqueda y selección de las personas que necesita para integrar o formar parte del negocio, de acuerdo a las características del mismo y lo que se quiere hacer. Debe buscar proveerse de las mejores personas en el campo que se desee incursionar. Cuidar de escoger la persona adecuada para las funciones que permitirán la puesta en marcha y desarrollo del negocio. Es necesario ser lo más acertado posible al momento de escoger con quién se va a trabajar. Cometer fallas en este proceso eleva las posibilidades de fracaso y muchos conflictos.

Hay ciertos errores que se deben evitar como:

- Crear gastos innecesarios contratando personal que no se necesita. Sólo lo estrictamente necesario, y a medida que se establezca el negocio o vaya creciendo se requerirá aumentar el número de personas.

- También hay que cuidar ciertos aspectos como contratar amigos y familiares sólo por ayudarlos. Esto es un gran error, que puede traer consecuencias negativas al negocio y arruinar las relaciones de amistad y familia.

Ahora bien, no sólo basta con buscar y escoger a la persona adecuada, se debe fijar la retribución o compensación en forma justa y equitativa, de acuerdo al cargo desempeñado y los resultados obtenidos. Un justo conocimiento de su aplicación, puede garantizar buenos resultados para el trabajador y el empleador. Lo recomendable es si tiene un buen trabajador, páguele por encima del promedio y recompénsele en forma justa. Por ejemplo Henry Ford, logró reducir costos e incrementar salarios, pagaba muy por encima de otras industrias en esa época para mejorar la productividad de sus trabajadores. Atraía trabajadores a su empresa por el buen salario que pagaba. Realizó prácticas innovadoras, como la creación de un plan de participación en los beneficios en el que los empleados podían adquirir su vehículo en la empresa. Creó oportunidades de empleo para personas con alguna discapacidad.

Hay distintas formas de retribuir, compensar y beneficiar a un buen trabajador. Estas deben contribuir a traerle tranquilidad y paz a un empleado, para que pueda estar al cien por ciento dedicado a ser productivo en su trabajo. Eso generará además compromiso y lealtad del trabajador hacia su jefe y su trabajo. No se trata de regalar dinero ni de constituir una beneficencia pública, ni pagar más por temas afectivos. Se trata de que el pago debe ser por la labor realizada en el negocio y los beneficios se deben corresponder con el mismo.

Otra tarea importante relacionada con la gestión de personas es aprender a delegar tareas y funciones, así como entrenar para que ocupen otras posiciones en la empresa.

En la gestión de personas hay que cuidarse de permitir:

- Trabajadores que no cumplan requisitos para desempeñar un cargo o función y permitir que continúen desempeñándose en la organización.

- No significa contratar o retener personas porque estas "necesitan el trabajo".

- No significa tener empleados conflictivos, irrespetuosos y hasta peligrosos por temor a la decisión de despedirlos o porque la ley los protege.

En el caso de los empleados que causan problemas, hay que tomar decisiones; y esa es la tarea del gerente. Respecto a este punto, Henry Fayol comentaba "algunos preceptos" para facilitar la dirección, entre los cuales menciona: "la eliminación de los incapaces". Quizás en estos tiempos es un término que puede parecer muy duro, sin embargo, un gerente no puede dar larga a este tipo de individuos. Esta situación se resuelve tomando la decisión adecuada en el momento adecuado. Para eso es el Gerente.

Un negocio que se comienza con miras a construir una empresa seria y estable debe proveerse de los mejores, mantenerlos, desarrollarlo y compensarlos muy bien. Una adecuada gestión de personas contribuye al crecimiento del negocio.

## Principio N° 5:
## AUTORIDAD

*"Por grande que sea el puesto ha de mostrar que es mayor la persona"*
**Baltazar Gracian**

La autoridad es un principio fundamental en cualquier negocio o empresa que quiera funcionar y crecer. Es la capacidad para dar instrucciones y quelas obedezcan sin hacer uso del poder. Es infundir respeto con el cargo que se desempeña, mientras que el poder hace la obediencia por fuerza o coerción. La autoridad marca los límites de actuación que debe tener una persona. La autoridad debe estar sujeta a: capacidad, conocimientos y experiencia. Quien la ejerce es porque tiene las competencias para eso, posee unas habilidades y unas destrezas que lo hacen estar en una posición superior, por la cual los otros deben seguir las instrucciones. Cada orden o instrucción impartida es necesaria para lograr los objetivos de la empresa.

Este principio busca definir quién es el jefe ya quien se debe obedecer. Quien ejerce la autoridad conoce hacia dónde se dirige la empresa y sabe lo que tiene que hacer para llevarla hasta ese nivel. Este permite fijar límites de actuación en las funciones que se desempeñan, y puede originar conflictos si está mal entendida.

En el caso de Open English, el Señor Andrés Moreno, desempeña el cargo de Chief executive officer (CEO). Este cargo le da la mayor responsabilidad de la empresa, aun cuando en la misma hay una junta directiva. Además forma parte de la Junta Directiva de Endeavor, una empresa líder promotora de emprendimiento. Constituyen toda una autoridad en el área por ser considerado uno de los emprendedores más importantes de Latinoamérica. Su experiencia y logros así lo confirman.

## Principio N° 6:
## FAMILIA Y TRABAJO

*"Hay hombres que trabajan
como si fueran a vivir eternamente"*
**Demócrito**

En la vida todo se reduce a la familia, al amor, pero vivimos contrarios a eso. Sólo se reconoce o comienza a valorar en etapas cruciales de la vida, como la enfermedad, la vejez o la muerte. En una película titulada *Click*, dirigida por Frank Coraci y protagonizada por Adam Sandler, presenta la importancia de la estructura familiar para un importante hombre de negocios. Se muestra cómo el protagonista, llamado Michael Neuma, desatendió a su esposa, a sus hijos y a sus padres. Nunca tenía tiempo para ellos, siempre había un trabajo urgente como prioridad. Michael tiene la oportunidad de corregir estas situaciones a través de un control remoto, con el cual podía ver las consecuencias de sus actos de abandono y poca atención a su grupo familiar. Cuando está convaleciente en un hospital, su hijo le dice que suspendió su luna de miel porque el trabajo es lo primero. Luego se da la vuelta y se va. Y Michael, aún convaleciente se levanta y corre detrás de su hijo para impedirle que cometa ese error. Cuando logra alcanzarlo, está fuera del hospital. Caía una fuerte lluvia. Michael cae al suelo, su hijo voltea, corre hacia él y el padre agonizando le dice al hijo: "la familia es lo primero, la familia es lo primero". Su hijo repite la frase. Quería evitar que cometiera los mismos errores de él. La familia es primero que el trabajo. Finalmente Michael tiene la oportunidad de enmendar su vida. Pero sabemos que no podemos detener el tiempo y volver atrás. Por eso es necesario evitar estos errores, buscando un adecuado equilibrio entre la familia y el trabajo.

En la etapa escolar aprendemos a definir la familia memorizando: la familia es la base de la sociedad, o también, la familia es la célula fundamental de la sociedad. Este concepto se queda corto considerando que en estos primeros años se debe aprender los principios y valores para sustentar nuestra vida. Y la familia no sólo es la base de la sociedad, es la base de cada uno de nosotros. Es donde aprendemos. Es nuestro motor. Es nuestro apoyo, el impulso, el refugio. No importan cuantas personas la conforman, ni si es por el vínculo de consanguinidad o por afinidad, ni las condiciones económicas y sociales en que se encuentran. La familia es una necesidad del ser humano.

El psicólogo estadounidense Abraham Maslow, propuso una "jerarquía de necesidades" o también conocida como "pirámide de Maslow":

En esta pirámide el autor plantea, en el primer nivel, las necesidades fisiológicas fundamentales para la supervivencia de todo ser humano: respirar, alimentarse, descansar, tener salud. En el segundo nivel se encuentran las necesidades de seguridad, donde reside el aspecto familiar. Según Maslow, a medida que un individuo satisface las necesidades de nivel inferior, su interés se desplaza al nivel inmediatamente superior. Una vez logrado satisfacer, este segundo nivel donde está lo familiar, su motivación se desplaza al de afiliación: pertenecer a grupos, amistades, amor.

Y el cuarto nivel llamado reconocimiento, es donde se encuentra el éxito, y el quinto nivel corresponde a la autorrealización. Según esta teoría, para satisfacer las necesidades de éxito del individuo debe tener satisfechas las necesidades *fisiológicas, de seguridad y afiliación.* Los cuatro primeros niveles de necesidades son fundamentales en la vida de un individuo; y en la medida que satisface un nivel, el individuo se motiva a la satisfacción del siguiente nivel.

Para este psicólogo, el descanso, la alimentación, la salud, la familia, los afectos, pertenecer a un grupo, es una necesidad a satisfacer antes que el éxito. Aunque la teoría tuvo muchas críticas y fue cuestionada, es una importante referencia como teoría de motivación para el trabajo. En la práctica laboral se observa cómo se altera esta jerarquía de necesidades.

Son bastantes los empresarios dedicados muchas horas diarias al trabajo. Y más aún cuando se está emprendiendo un negocio que exige mucha dedicación y esfuerzo. En el caso de la empresa Open English le pregunté a su fundador:¿Cómo hizo para compartir su trabajo y su familia cuando emprendió Open English?

"Era muy joven cuando emprendí la idea de Open English -25 años- y no tenía responsabilidades familiares, por ello pude enfocar todas mis fuerzas en la creación de la empresa. Pasada casi una década, he logrado formar una bonita familia y balancear mejor mis prioridades". Él reconoce la necesidad de buscar un equilibrio entre su familia y su pasión.

También la familia debe brindar el apoyo y comprensión a una persona que inicia un negocio, porque cuando se comienza, difícilmente tendrá tiempo para otras actividades. Sin embargo, es necesario un equilibrio entre la familia y el trabajo. La pareja, los hijos, los padres deben tener un lugar y tiempo especial en la vida laboral de toda persona.

Alguien que comienza un negocio, difícilmente tendrá tiempo para compartir con la familia y recrearse cuando se está iniciando. La familia debe apoyarlo, considerando que debe dedicarse a su nueva actividad, cuidando todos los detalles para alcanzar su visión. Pero también es importante recordar: no todo es trabajo. Es necesario compartir con la familia y los amigos tiempo de calidad. Tomar vacaciones, descansar, cuidar la salud, alimentarse bien. No descuidar la vida personal. Esto permite retomar las actividades laborales con mejores condiciones físicas y mentales. Ayuda aprender a delegar y confiar en los otros, entrenarlos para grandes responsabilidades y así tomar tiempo sin ser indispensables para el funcionamiento de la empresa o negocio. El tiempo libre y de recreación permiten repotenciarse, retomar las tareas con más energía, y ver oportunidades donde no se veían.

Buscando conocer cómo un empresario y emprendedor exitoso pudo manejar este aspecto, le pregunté al Sr. Andrés Moreno: **Con tantas actividades que realiza, ¿cómo hace para tener tiempo para la recreación?**

"Todas las semanas intento conseguir algún momento de recreación. Creo que la vida es un camino, no un destino... por lo que hay que disfrutar al máximo cada día. Casi todas las semanas me toca viajar a una de nuestras oficinas en distintos países de la región (ahora inclusive estamos en Rusia y Turquía) por lo que tengo la buena fortuna de poder ver el mundo".

No solo ha logrado ver crecer su idea de negocio y tener una empresa, sino que sigue creciendo e innovando en el área de educación en línea.

## Principio N° 7:
## RECORRER EL TERRITORIO

> *"Caminante no hay camino,
> se hace camino al andar"*
> **Antonio Machado**

Cuando se asume el riesgo de emprender un negocio que quiere hacerlo crecer, hay que trabajar con tesón. Esto conlleva a un cambio de mentalidad de quienes aún creen que gerenciar significa estar encerrado en una cómoda oficina. El dueño del negocio no puede quedarse sentado en una oficina o en su local, en su casa o apartamento y desde allí tratar de resolverlo todo. Ciertamente tener un espacio propio, cómodo y confortable es importante. Pero los tiempos han cambiado y se requiere un trabajo más dinámico. Se requiere salir a recorrer el territorio.

Esto es un principio importante para hacer crecer un negocio. Y para que se mantenga, el dueño del negocio, el emprendedor, debe salir de las cuatro paredes que encierran su idea, negocio o proyecto. Nunca debe estar encerrado. Debe salir constantemente a recorrer el territorio:

- Ver qué se está haciendo en el mercado, conocer nuevas tecnologías, conocer nuevos equipos, hacer nuevas relaciones, asistir a cursos o talleres para adquirir nuevos conocimientos, captar nuevos clientes, proveedores, captar inversionistas, buscar capital, buscar otras oportunidades para expandirse.

- Conocer su entorno, saber hasta dónde puede llegar, o los cambios que son necesarios hacer, las fortalezas y las debilidades que lo tienen los competidores de su producto o servicio.

- Contactar las personas claves para el negocio.

- Detectar oportunidades y también las amenazas.

Andrés Moreno tenía muy claro lo que esto representaba para él. Desde que empezó Open English, y luego de un año de estar trabajando con el proyecto, salió de Venezuela a levantar capital en Estados Unidos, en Silicón Valley. Allí consiguió lo que se propuso: el capital inicial parar arrancar su proyecto. Además de muchas ideas, porque ese recorrido aportó nuevas experiencias y conocimientos para su tipo de negocio. Para este emprendedor, recorrer el territorio lo llevo a expandirse en distintos países de Latinoamérica y Estados Unidos, donde se propuso conquistar el mercado hispano. Todavía hoy se propone conquistar nuevos territorios: Rusia y Turquía. Es un hombre con un espíritu emprendedor, viendo nuevas oportunidades de negocio y abriéndose a otros mercados.

Este principio permite tener un diagnóstico inicial para determinar las necesidades, ajustar el plan, conocer el producto o servicio que se presta, la percepción de los clientes, del personal, conocer el entorno, buscar apoyo financiero. Si te quedas sentado solo planificando y esperando que las cosas sucedan, corres el riesgo de estar en un negocio irreal. La realidad está afuera y las oportunidades también.

Recorrer el territorio es un principio que cada vez siguen más emprendedores y empresarios en estos tiempos, que están saliendo de su comodidad para abrirse a un nuevo mundo de oportunidades.

Recorrer el territorio es necesario para explorar y llevarte a un nuevo nivel de crecimiento, con nuevas ideas, relaciones, conocimientos, tecnología, expansión, entre muchas otras. Con este principio son muchas las puertas que se abren. Además, permite obtener toda la información de primera mano, sin intermediarios, para definir estrategias y llevar tu negocio a un nuevo nivel de crecimiento.

## Cuarto capítulo
## De la investigación y la enseñanza a la práctica

*"La única fuente de conocimiento es la experiencia-"*
**Albert Einstein**

*"El que aprende y aprende y no practica lo que sabe, es como el que ara y ara y no siembra."*
**Platón**

### El proceso de creación de este libro

Este libro es producto de un largo proceso de recolección de información, de experiencia en la enseñanza, la investigación y la práctica. Cada parte del libro fue un proceso. Son historias que comenzaron a recogerse desde hace muchos años. La decisión de escribir fue en el año 2014. Cuando estaba de año sabático. Me encontraba libre de compromisos laborales. Eso dejó espacio para la creatividad. Fue un espacio para la reflexión y creación. Lo finalice en julio de 2016. Finalizar el libro fue un "empujón" que me dio la vida cuando ya había dado importantes pasos, cuando ya estaba casi listo, y aún no lo terminaba de sacar de la gaveta; tuve que tener una experiencia entre la vida y la muerte, que creí solo se veía en televisión o que le pasaban a otros pero a mí no me pasaría. En esos momentos donde te das cuenta que tenías cosas pendientes y no terminaste, y que además, eso que estaba pendiente era muy importante para mí. Me había perdido en la rutina, lo cotidiano, lo urgente, o en muchas excusas. Fue cuando una vez superado el trance, solo por un milagro de Dios, me propuse terminarlo; porque atravesar una prueba como esa no me podía dejar en el mismo lugar donde estaba. Y aquí está, un libro para enseñar a emprender aplicando principios gerenciales y lograr tener una empresa exitosa. Enseñar a emprender para crecer, y además destacar la importancia de reconocer el talento de cada uno para saber qué dirección tomar.

Un libro que permita:

- Mostrar cuáles son las características de un emprendedor.
- Identificar las características de un empresario.
- Evidenciar las diferencias entre emprendedor y empresario.
- Enseñar los principios gerenciales que se necesitan para hacer de una idea o un pequeño negocio, una empresa.
- Motivar a los lectores a emprender y crecer.

## Mi primera experiencia de emprendimiento

Mi primera experiencia emprendiendo fue en el año 1994, cuando registré una empresa de consultoría. No tenía capital ni estructura, sólo algunos contactos y conocidos en el área de empresas. Logré hacer varios trabajos de reclutamiento y selección de personal, dictar talleres en empresas. Para los que fue necesario buscar el local y los clientes. Junto a Ricardo, mi esposo, organizamos un taller. Lo publicamos en un diario de circulación nacional, la publicidad se hizo en un canal de televisión regional. Ricardo asistió a un programa de radio, donde fue entrevistado para hacer publicidad al evento. Tenía el apoyo de mi esposo en el área de mercadeo, pero muchas debilidades para mantener el negocio. Hoy reconozco que una de las debilidades fue que ninguno de los dos se dedicó al negocio lo suficiente como para construir una empresa. Cada uno estaba dedicado a su trabajo, él en ventas para la empresa en la cual trabajaba y yo en mi trabajo. Era sólo una actividad para la cual me había formado, pero no me arriesgué a salir de mi zona de comodidad. Mi esposo me decía que me faltaba "saber vender". Me decía: "saber vender es muy importante para tener un negocio", "sino sabes vender debes unirte a otras personas que sí saben hacerlo". Todo esto me llevo a investigar acerca de empresas, emprendedores y talento.

## Taller: Emprendedores de éxito

Seguí insistiendo en lo que más me gustaba hacer: enseñar. Había organizado unos talleres de "Emprendedores de éxito". Esos talleres aportaron mucha satisfacción personal y fueron de un gran aprendizaje. Las personas llegaban con idea de negocios que querían poner en marcha pensando primero en el dinero, en la rentabilidad del negocio. Escuchaba discusiones entre los asistentes como estas: "ese tipo de negocio da mucho dinero" o "un negocio de comida es lo mejor para hacer dinero". También escuché respuestas como: "quiero tener mi propio negocio para no tener más jefe, tener mi propio horario", "quiero independizarme". Muchas veces al preguntar: ¿por qué quieres iniciar ese tipo de negocio? Encontré repuestas como: "porque mi vecino montó un negocio de ese tipo y le va muy bien". Todas estas respuestas eran la motivación equivocada.

Muchos hasta desconocían el tipo de actividad. Hubo un participante que quería montar una peluquería, argumentando: "a las mujeres les gusta arreglarse siempre", "estos negocios son rentables", pero, no sabía de secado, de productos para el cabello, de tendencias y modas en cabello, ni había hecho estudios al respecto, ni asistió a seminarios. Nada. La esencia del negocio no la conocía. Tenía el dinero para la inversión. Sin embargo, no es suficiente tener el dinero para emprender un negocio. El área de negocio en que se va a incursionar debe gustarte, apasionarte. No debe ser tu trabajo, debe ser tu pasión.

En los talleres descubría que todos tenían un talento especial, distinto a la actividad que desempeñaban en sus trabajos. Por eso estaban deseosos de emprender un negocio. No querían continuar en sus trabajos. Todos tenían un brillo especial en su rostro cuando hablaban de lo que les gustaba hacer, de lo que era su pasión.

**La enseñanza**

En una oportunidad, al regresar de uno de los talleres, le comenté a mi hijo: "me gusta enseñar. Me gusta enseñar a otros a organizar sus empresas, ayudarlos a descubrir sus talentos para hacer negocios" y mi hijo me preguntó: "¿Y cuál es tu talento? Ah, ya sé, enseñar a otros a hacer negocios". Me sorprendió lo fácil que él llegó a esa conclusión. Desde hace muchos años buscaba cuál era mi talento: soy una administradora dedicada por más de 20 años a la enseñanza. Me gusta enseñar e investigar, y dirigir se me hace muy fácil.

En los talleres de emprendedores, decía: *"hay que empezar con lo que se tiene desde donde estás, no esperar tener para hacer"*. Era fácil decirlo. Sabía la importancia de poner en práctica lo que se aprende. Quería ser coach de emprendimientos. Se presentó el momento oportuno para ser "acompañamiento" de un emprendimiento.

Sucedió en el año 2011. Mi esposo se quedó sin trabajo. Yo conocía muy bien su talento. Es un hombre con una gran habilidad para vender. Su última jefa le decía "que era capaz de vender hasta bombillos quemados". Siempre le decía, cuando veía sus ingresos, que un hombre con su capacidad no debería estar obteniendo esos ingresos. Si además era capaz de vender esos montos a una empresa, podría hacer ese mismo trabajo para él, obteniendo mayores beneficios. Considerando la experiencia que ya había acumulado en más de veinte años, su formación académica en el área de mercadeo, y toda la gente que conocía en su área de trabajo, eso era su capital acumulado, su mejor capital para iniciar.

Lo animé para que en vez de preparar su curriculum y continuar haciendo lo que había hecho por más de veinte años, trabajando como empleado de otras empresas, iniciara su propio negocio. Al principio parecía muy difícil, considerando que forma parte de una generación de empleados. Resulta casi automático dejar un trabajo y preparar un curriculum para buscar otro empleo. Pero, en seguida comencé a explorar todas las fortalezas que él tenía, haciendo las preguntas precisas para llevar adelante lo que sería el plan de negocios.

Investigó sobre el proceso de registro de la compañía. Se puso en estas gestiones. Registró así Distribuidora Yuric C.A por el nombre de nuestros dos hijos: Yunimar y Ricardo. Comenzó a trabajar en nuestra casa., con la computadora, impresora y su carro. Luego de obtener el registro de la empresa que se llevó dos meses aproximadamente, se apoyó con amigos del área de sistemas para la facturación, diseñador publicitario para el logo, dueño de imprenta para los talonarios, abrió cuenta en el banco. Comenzó a salir a la calle.

**Creación de la distribuidora como un producto**

La distribuidora se convirtió en su principal producto. Se comenzó por identificar una fortaleza: ¿qué podía ofrecer él que otros distribuidores no tenían? Se identificó una estrategia para entrar al mercado. Tenía un enfoque: posicionar la empresa, darla a conocer y hacer algo diferente al resto de las empresas de esta naturaleza que ya estaban en el mercado. Una vez identificada, comenzó el trabajo de construir la imagen de la empresa. Era importante tener clara la visión, a dónde quería llegar.

## Las crisis y los altibajos

No ha sido fácil. La perseverancia, la fe, la buena disposición, el optimismo, deben ser los principales aliados. Mantenernos ha sido parte la meta. Seguir adelante con la confianza que, cuando una puerta se cierra, muchas otras se van abrir. Comenzó operaciones en el segundo semestre del 2011. Al principio, era desalentador, sólo se vendía para cubrir los pagos de proveedores. Eso desanima perocon un espíritu emprendedor se continúa adelante. No había sueldo. Solo se cumplen compromisos. Para alguien acostumbrado a ser empleado de quince y último, esto era un gran cambio. Pero estaba tan apasionado con lo que hacía que no estaba pendiente de la quincena. Su enfoque era crecer. Necesitaba dinero para comprar mercancías. Por las condiciones de compra que exigían los proveedores tuvo que acudir a familiares. Acceder a la banca fue una tarea titánica, sortear una montaña de requisitos que difícilmente tiene alguien que se inicia. En el año 2013 vendimos uno de los dos carros para invertir en la empresa. Tenía los clientes, los proveedores y necesitaba la mercancía para satisfacer los pedidos. Había que sacrificar e invertir. Este año también fue difícil. El entorno cambiante amenazaba. Los precios cambiaban constantemente. Las empresas proveedoras atravesaban un momento difícil. Las condiciones de crédito que eran de treinta días, se fueron reduciendo de quince días a pagos de contado. Se hicieron los ajustes y tomaron correctivos. Sobrevivió a las estadísticas que dicen que la mayoría de los emprendimientos no llegan al tercer año.[8] Llego a cinco años y las condiciones amenazantes.

### El desánimo

Los dos primeros años fueron muy difícil económicamente. En el 2012, recién iniciadas las operaciones de la distribuidora, Ricardo recibió la llamada de una empresa trasnacional ofreciéndole un cargo en el área de ventas. Le hicieron una oferta tentadora. Me dijo: "Puedo aceptarla y sigo llevando Yuric con la ayuda de Ricardo (hijo)". Su opción la entendía, y me asustó. Le dije: "Si haces eso, si te vas en este momento, vas a perder todo el esfuerzo que has hecho. Sé que las cosas no van como quisieras, pero, si te vas pierdes el enfoque. Es ahora o nunca. Hay que continuar enfocado, ten confianza, persevera." Le recordé lo que me había dicho en otras oportunidades: "En este tipo de negocio, el crecimiento es lento". Finalmente, decidió rechazar la oferta de la empresa y quedarse construyendo la suya. Hay que perseverar, perseverar y perseverar.

---

[8] El informe de Monitor Global de Emprendimiento 2013, señala que expertos en el tema han expresado que el periodo decisivo para los emprendedores es "entre 0 y 3,5 años".

## Cuando se empieza un negocio, el dueño hace casi todo.

En una oportunidad, un cliente conocido desde hace muchos años, le dijo luego de venderle y entregarle la mercancía: "yo quiero hablar con el encargado de almacén". Ricardo respondía: "soy yo mismo". Otro día este mismo cliente le dijo: "voy a llamar a la empresa para hablar con el Gerente". Ricardo le contestó: "no lo llames, ya estoy aquí". Tiempo después este cliente lo felicitó por su crecimiento en la zona, y por la amplia carpeta de productos.

Y así pasa cuando se comienza un negocio, el dueño hace muchas cosas. Lo importante es tener visión y capacidad de gestión para cuando llegue el crecimiento. Luego ir delegando funciones y dedicarse a la fortaleza de cada quien. Ahora se apoya con distintos profesionales: contador, abogado, vendedor.

Nuestros hijos también han formado parte del negocio. Desde el inicio de las operaciones mi hijo salía a la calle con su carpeta a vender. Hacía muchas observaciones de algunas debilidades que él veía en otros vendedores de empresas con los cuales se encontraba. Mi hijo ha sido vendedor, despachador de mercancía, ha cargado cajas y bultos, recibido mercancía, ha hecho de mensajero. Y mi hija, le ha tocado embalar, como es detallista, corrige cómo se está haciendo, pone su toque femenino. No le gusta la contabilidad, nada de la parte administrativa, pero prepara los libros de compra, libros de venta, hace los cuadros y los gráficos necesarios para los análisis, las listas de precios. Todos aportamos algo. Pero hay un cargo principal, quien tiene los conocimientos y la experiencia para dirigir el negocio: Ricardo. Tiene además habilidad para hacer negocios, entablar relaciones comerciales, hacer y mantener clientes.

**La pasión de vender**

Ricardo ha logrado mantenerse porque emprendió con lo que le apasiona. Con aquello que mejor sabe desempeñar. Esto le ha permitido continuar, a pesar de los obstáculos y alcanzar metas. Le gusta lo que hace. Cada cliente es especial para él. Pasa mucho tiempo con cada cliente, los atiende. Sus clientes son también sus amigos. Un ex compañero de trabajo, me dijo: "Ricardo tiene una fortaleza, él es amigo de sus clientes". Para él no hay diferencia entre un sábado o un domingo, con un lunes o un viernes de trabajo. Todos son días buenos para vender. Cualquier día, cualquier hora, cualquier momento es bueno para vender. Hemos estado en Caracas, comiendo en un restaurant, y cuando vemos se dirige a pagar, y se tarda. Cuando regresa le pregunto: ¿Qué pasó, porqué tardaste tanto? Y responde:

"Estaba hablando con el dueño, hice unas ventas". Hemos ido de vacaciones y allí también está aprovechando las oportunidades. Y así ha ido recorriendo otros territorios. Emprender con lo que te apasiona es lo más importante.

**Logros de la Distribuidora**

No se puede cantar victoria todavía. Aún está en proceso de crecimiento. Pero, hay logros que contabilizar: experiencia, aprendizaje, alcanzar cinco años funcionando, tener posicionado un nombre en el mercado, comprar directamente a proveedores fabricantes, cumplir con los compromisos de pago, aumento del número de clientes. Tener la distribución exclusiva de un producto líder en el mercado femenino. Y un gran aprendizaje. Ricardo tiene un talento con el cual puede aplicar los principios expuestos en este libro. Tiene un talento que le puede permitir empezar nuevamente otro negocio con la experiencia que ha capitalizado.

En estos cinco años de acompañamiento en este negocio, aún faltan muchas cosas. Sin embargo, ha sido una experiencia de aprendizaje, satisfacción y compromiso:

**Aprendizaje**: ha sido constante y una forma de poner en práctica lo que enseño en el salón de clase y lo que investigo. Como docente en administración no quiero solo repetir la teoría escrita, quiero comprobar, conocer, hacer y crecer.

**Satisfacción**: al verla superar las limitaciones y los obstáculos, se ha convertido para nuestra familia en una escuela de negocios. Nos ha traído mayor unión familiar. La colaboración y el aporte de cada uno nos han dado más tiempo de calidad en familia. Además de eso está por supuesto el aspecto económico. Después de "comerse las verdes", viene el tiempo de "comerse las maduras". Mi hijo siempre decía, "mientras en esta casa dependamos de un sueldo de quince y último, vamos a vivir ajustados todo el tiempo".

**Compromiso**: El compromiso es enseñarles a mis hijos que aprendan a emprender. Aquí tienen la teoría. En la distribuidora han adquirido práctica. Forman parte de una generación de emprendedores. Cada uno tiene su propio talento. Deben identificarlos, reconocerlos, trabajar en ellos para desarrollarlos. Hay que aprender de estos principios que son útiles en cualquier campo. Pueden combinar su talento con lo aprendido. Si quieren iniciar su propio negocio, emprender les va a cambiar la vida y ayudarlos a crecer, no sólo en lo económico sino en lo personal. No es fácil pero, vale la pena. Como reza un proverbio chino: "Cuéntame y olvidaré, muéstrame y recordaré, involúcrame y entenderé".

Emprender es el camino que permite crecer...

Siempre habrá los que levantarán vuelo como el águila.

Yo espero contribuir con este libro a que muchos emprendedores levanten vuelo como las águilas y no se queden acurrucadas en el corral de las gallinas.

# REFERENCIAS BIBLIOGRÁFICAS

Banco de Desarrollo de América Latina CAF. (2013). Informe anual 2013. Recuperado de: https://www.caf.com/media/2246320/org-informeanual-2'013-2-caf-esp.pdf

Biblia versión Reina Valera 1960

Bottero, M. (2006). Diosas y brujas. Mujeres que se construyeron a sí mismas. Uruguay: Editorial Fin de siglo.

Diccionario de la Real academia española

Fayol, H. (1983). Administración industrial. México: Editorial Herrero Hermanos Sucs.

Marceles Daconte, E. (2006). ¡.Azúcar! La biografía de Celia Cruz. Venezuela: Editorial el perro y la rana.

Monitor Global de emprendimiento. (2013). Informe.

Montes Bolet, A. (2013. 23 de junio). Juego en alta definición. El Universal, pp. 2-1

# *AGRADECIMIENTO*

Este libro es un nuevo emprendimiento en mi vida y fue un largo proceso que finalizo en julio de 2016. Durante todo este tiempo, hasta lograr su publicación, fue posible Gracias a Dios porque pude tener el orden, el tiempo, la inspiración, los recursos, la vida para terminarlo y la visión para lograrlo. Con Dios todas las cosas son posibles.

A Ricardo Arellan, mi esposo, socio y coach en este proyecto. Gracias por sus acertadas correcciones, observaciones y tiempo para revisar una y otra vez mi manuscrito. Gracias por tu apoyo y motivación para verlo concluido.

A mi padre Agustín Canelón, que aunque no esté físicamente en este mundo, los valores y las enseñanzas están presentes en mi vida. A mi madre Sorina Camacho que además de darme el ser, desde temprana edad me inculco el habito de leer un buen libro y a lo largo de toda mi vida he podido apreciar el valor de esta enseñanza.

Al personal de la empresa Open English, quien gustosamente atendió mis solicitudes y pudieron hacer posible la entrevista con Andrés Moreno.

Y Andrés Moreno, CEO de Open English, por sus respuestas y su interés en apoyarme con la entrevista realizada. El éxito alcanzado no le impide tener buena disposición para atender y apoyar a otros. Gracias.

www.ingramcontent.com/pod-product-compliance
Lightning Source LLC
Chambersburg PA
CBHW030901180526
45163CB00004B/1653